知名歌手—梁靜茹

年輕時我們常常會設定很多夢想希望這一生可以達成……但是常常一忙碌就會忘記……擦身而過。這本書讓我們有機會停下來好好思考忽略掉的夢想。

知名藝人和主持人—夏于喬

「克服恐懼，挑戰未知，探索自己」是我面對人生的準則，人生的精彩之處總發生在許多的美好意外，就像打開這本書後意外發現，我已經完成了Chapter 1熱血動魄！你呢？願意讓短暫的人生多精彩？

超馬探險家—林義傑

閱讀作者每一次探索的心情故事，我都會想起過去自己瘋狂追求長征探險的快感！

商周集團生活事業處副總經理—李國榮

活著就是要改變世界嗎？從世橋的故事裡，我們可以肯定，是的。世界不會因你而改變，唯從改變自己做起。讓世橋用自己的親身經歷，帶領我們開啟不一樣的生命想像。

關係動力學院創始人—夏惠汶院士

對於人生之憾，有人惋惜自己來不及追求夢想，更多人遺憾自己沒好好處理關係，沒與所愛的人好好相處。書中書寫許多人生應該有的「一次」體驗……還有向所愛之人表達愛。如果想法只縈繞在心，對方又如何得知呢？從現在開始你也能從日常的細微之處，認真體會每一段關係中流動的愛，祝福所有讀者，都能關係圓融、人生喜悅無憾！

好樣集團創辦人及未來式主席、生活美學實踐者—汪麗琴

書中很多看似容易的事，卻很少人會做，這也讓我感到人們經常忽略生命中的理所當然。真的發人深省，我也要寫下我的Bucket list。

台北市室內設計裝修同業公會理事長—孫因

看完這書後讓我怦然心跳，決定也拿起筆來寫下自己的願望清單，看看做過哪些事，又到底哪些事想做卻還沒有做……。

「七月與安生」投資人—孫雲立

「一次笨豬跳」，從那一跳開始，世橋打開了實現「願望清單」的大門，按下了感受生命之旅的啟動鍵，開啟了對美麗世界的探索之路。此刻，我也找回了自己失落已久的「願望清單」，下一刻，我也要開始我的「來一次」！

一切從笨豬跳開始

找回完成夢想的動力

目錄

推薦序

如果，要我選擇最喜歡的好萊塢電影，《THE BUCKET LIST》（臺譯：一路玩到掛）一定名列其中。然而，我不喜歡的是，電影中的二位主人公，直到生命瀕臨最後時刻，才想到去實現這張本應該是WISH LIST的願望清單。

與世橋兄的第一次正式聊天，本打算展開的一場標準商人間的對話，最終變成了兩個大齡偽文藝男青年（至少我屬於「偽」）的在午後的一次心靈碰撞。時至今日，在我的印象中，作為跨國公司總裁的他，終究比不上那個外表文靜卻多才多藝的文藝男青年來的深刻，來的真切。於是，我覺得我以後再也不能跟他討論商業問題了，還是討論生活更有意思。

討論生活，自然免不了要曬一曬人生那些值得回憶的經歷，免不了把自己的「願望清單」曬一曬，免不了把已經完成的「豐功偉績」秀一秀。於是，我從開精品酒店，講到開餐旅學院，講到投拍電影，難得遇一知己，我不免有些收不住話匣子了。可是，聽完這些的世橋兄，卻一直笑而不語，直到談話結束，他拿出了這本書稿，囑我詳讀。

迫不及待地，一個晚間，我開啟了速讀模式。合上書稿的那一刻，沮喪，豔羨，熱血，遺憾，各種不同的情緒在我的心中交織。一時間，我甚至覺得自己本以為絢爛的生活簡直是虛度光陰。一時間，我也衝動地想拾起行囊，去完成一次期許很久卻未實現的笨豬跳！一時間，我回問自己，還有多少「願望」，早已被我藏起？

少年時，我們總在羅列生命中必須實現的願望，總在憧憬絢麗人生的種種可能，總告訴自己要去做這個和那個！

成年開始，人生的各種挑戰與煩惱滾滾撲面，不知不覺，我們的「願望清單」被放到了自己都不知道的那個角落！

寫下這張清單，實在是非常容易，實現這張清單，卻著實是非常不易！「來一次笨豬跳」，從那一跳開始，世橋打開了實現「願望清單」的大門，按下了感受生命之旅的啟動鍵，開啟了對美麗世界的探索之路。

此刻，我也找回了自己失落已久的「願望清單」，下一刻，我也要開始我的「來一次」！

生命仍在繼續，什麼也不該擋住我們，實現願望的活力！

是為序，二〇一九年七月於上海

《序者簡介》

孫雲立，七〇後跨界創業人，「金馬獎」雙女主獲獎影片《七月與安生》投資人，「紳公館」精品酒店創辦人，上海PICH餐旅服務學院院長，選擇將餘生奉獻給中國職業教育事業。

推薦序

因為工作的關係，生活中經常接觸成功人士，發現大多數都有一個共通點，待人處世往往謙沖自牧，但在專業上只要確立了目標，便全力以赴，不達目的絕不放棄，世橋也不例外。初次見到世橋是在一個商業聚會上，一番寒暄後，發現他不僅具備成功人士的特質，除了工作以外，還多了一些對美好生活的追求與堅持；舉例來說，在惠風和暢的三月到日本出差，結束工作行程之後，他特地撥空探訪在地人推薦的櫻花祕境，盡情感受那時那景映入眼簾、收藏於心的悸動，這樣的風雅興致，令我對他留下深刻的印象。

他說：「活著的意義，是在有生之年讓自己擁有更多快樂及幸福的機會。」抱持著這樣信念的世橋，不想等到花甲之年才費力追尋年輕的夢想，扼腕錯失美好，因此開始了自己的「Bucket List」計畫；攤開他的計畫清單，洋洋灑灑近五十項，驚險刺激如「來一次笨豬跳」，挑戰極限像「鐵人三項」，看遍世界絕景的同時，也收穫和親人間的難忘回憶。

這樣的決定，為他開創了一幅精彩萬分、更有滋有味的生命藍圖；每一項挑戰及特殊體驗都引人入勝，而圓夢的過程，更充滿許多超乎想像的驚奇故事，讓人好像跟著世橋活了一次；最令人好奇的是，身居管理要職、終日忙碌的他，到底怎麼利用時間，完成這些心願？種種珍貴的點滴回憶與生命思索，都由世橋悉心珍藏在本書裡。本書也是他的心願之一。他曾經堅信「活著是為了改變世界」，在成長過程中經過現實社會的洗禮後，讓他一度埋藏這個信念；然而，「Bucket List」不僅為他帶來更深刻美好的生命體悟，也激勵他將這份美好，和更多人分享，期盼在每個人心中種下改變的種子，一同享受生命的無限可能。

我深知出書大不易，但卻被世橋的理念所感動，便助他一臂之力，協助圓夢；儘管過程中有著種種因素，讓出書計畫一延再延，世橋卻從未放棄，在這段時間裡仍繼續揮灑他對生命的熱情，持續完成一個又一個挑戰，讓本書的內容如他的生命經歷般，越發豐厚動人。

書中記載種種第一次的挑戰，沒說的是生命只有一次，世橋選擇用這些挑戰改變自己，為這一生一世翻轉出遠大於「一」的層次與韻致。活著是為了改變世界嗎？從世橋的故事裡，我們可以肯定，是的。世界不會因你而改變，唯從改變自己做起。讓世橋用自己的親身經歷，帶領我們開啟不一樣的生命想像，築夢、逐夢、圓夢，成為自己在世上想見到的改變，做自己生命的主人。

《序者簡介》

李國榮，現任商周集團生活事業處副總經理。於城邦集團具二十多年專案管理、企劃出版、廣告代理經驗。

自序

二〇〇五年初，我在紐西蘭奧克蘭經過電視塔時看到一個笨豬跳（高空彈跳）的廣告牌。高空彈跳是我之前從來沒想過嘗試的活動，但那一晚好像被召喚一樣特別想嘗試。雖然那天沒有跳成，但從那天開始，我就很想去完成這個很多人覺得瘋狂的玩意兒，直到幾年後終於如願嘗試了。不知道是否被這件幾秒鐘的事情誘發，發現想做的事情還蠻多的。直到看了《The Bucket List》這部電影，就比較正式地列出一個清單，不停地完成、也不停地添加心願，直到有一天，「寫書」這件事也被加到清單裡面。

這書寫的就是這些年頭關於這清單的各樣經歷。笨豬跳的故事剛好也是整本書第一篇寫的，也是因為這一篇被太太預覽後的評語，讓我有動力開始寫書這項目。兩年前找到出版商洽談出版的事情，那時的心情有點像《Genius》（臺譯：天才柏金斯）裡的主角把手稿給編輯看時，滿心做好被拒絕的打算。沒想到編輯還挺喜歡這書的角度。寫這本書也變成我清單裡一項最漫長最難以完成的事情（糾正：練出腹肌可能更難一些）。在這五年我也同時完成了很多這本書記載的事情，這本書可以說成為了一個活的記事本。

這書從一個角度來看是一個完成Bucket list，遺願清單（或者是推薦序裡說的願望清單）的經歷。關於Bucket list的書多如牛毛，但大部分都只是一條一條的清單。一千個，甚至一萬個的清單都可以在亞馬遜（Amazon）找到。我懷疑這些書的作者真正完成過多少自己列出的事情，覺得這些書都像缺乏了靈魂似的。所以我希望能把自己做過的事情，將其中的過程和感受寫下來，起碼告訴讀者這些事情都是很有意思，值得嘗試的，也是可以完成的，也希望讀者可以想想自己想做的事情，並努力完成。

本來這本書也確實只是個記事本，所以我也沒有想到怎麼去歸納這些事項。直到有一次我和一位朋友聊起出書的事情，我被問了一個再簡單不過，但又是如此重要的問題：我為什麼要做書裡的事情。我問自己做這些事情是不是就是為了做而做？這個問題我思考了一整晚，發現做這些事情的原因其實有更深的層次的，好像與活著的意義有關。

活著為了什麼？看似是個深奧的問題。但看了不少的書和電影，發現活著不是一定要改變世界。生活的意義也可以很簡單，那就是讓自己快樂和幸福。人生苦短，天有不測，讓自己多一點快樂和多一點幸福，應該不會有什麼人反對。那我們是不是有責任為自己在有生之年，能擁有更多快樂及幸福的機會？

我想這些機會就是清單上的事情。我的清單本來是沒有什麼方向的，反正想到什麼好玩或有意義的就放進去。但是再細看一下發現這個清單也不是完全沒規律的。

有一些是關於體驗刺激的事情，這個肯定也會讓自己快樂的，因為刺激會讓人產生腎上腺素，這種激素就是會讓人有一種興奮感。有一些是關於去看世界壯麗的一面，有一些是關於去看世界的地標。所以感受這個美麗的世界是一個歸類。又有一些是參與人文的精彩，參與一些有意思和好玩的活動，又或者幫助別人，這些都可以讓自己愉悅。又有一些是關於挑戰自己的，艱辛過後而達到目標，會帶來成就感，而成就感也會產生滿足和愉悅的感覺。又有一些是關於學習的，充實自己或學會一些有趣的技能也是一件讓人快樂的事情。又有一些是關於與愛的人的無價時刻，每個人都有自己愛的人，與他們共享一些事物很自然就會有幸福的感覺。

這本書就是按照這六個分類來歸納的，他們出現的先後次序是參考過為人熟悉的馬斯洛需求，在後記會有所介紹。但是這書的初衷就是讓讀者隨意閱讀，哪怕是利用三分鐘的碎片時間也能讀順手翻來的一段。希望看完某一些章節後，可以讓你Take a leap of faith，跳進你的信念和夢想。能跳出這一步，一點都不笨豬。

Chapter 1 熱血動魄

E U P H O R I A

雲霄飛車是遊樂場裡最受歡迎的項目，大概是大家都嚮往那種腎上腺素急升帶來的快樂。這章寫的經歷除了能讓人腎上腺素片刻增加外，還可以製造不少難忘的回憶。多年後想到這些，或看到拍下的影片和照片都還會有刺激的感覺。

這些活動很多都與高空和離心力有關。媽媽總說參與這些活動是付錢來自虐，我倒覺得這是能獲得成就感最划算的方法。這些活動真正的時間可能只有幾秒或幾分鐘，但在這瞬間之前的準備或等待時，生理和心理已經大有變化。而結束時那種戰勝恐懼的成就感是巨大的，而且是必然的。在Google搜一下Top Bucket List Ideas，你會發現高空彈跳、跳傘、滑翔翼等都在其中。如果你有膽量做這些事情，就能瞬間擁有很多人嚮往的驚險經歷，你的膽識也會照耀身邊的朋友和家人。

也許你覺得自己畏高，嫌高空彈跳太刺激，那可以到海中潛水，或造訪一個神秘的地方，或是先玩雲霄飛車來練練膽量吧。想想讓你刺激的，熱血澎湃的事情是什麼，計劃一下，然後就征服它們吧！刺激的同時還會有難忘的快樂時刻。

來一次笨豬跳

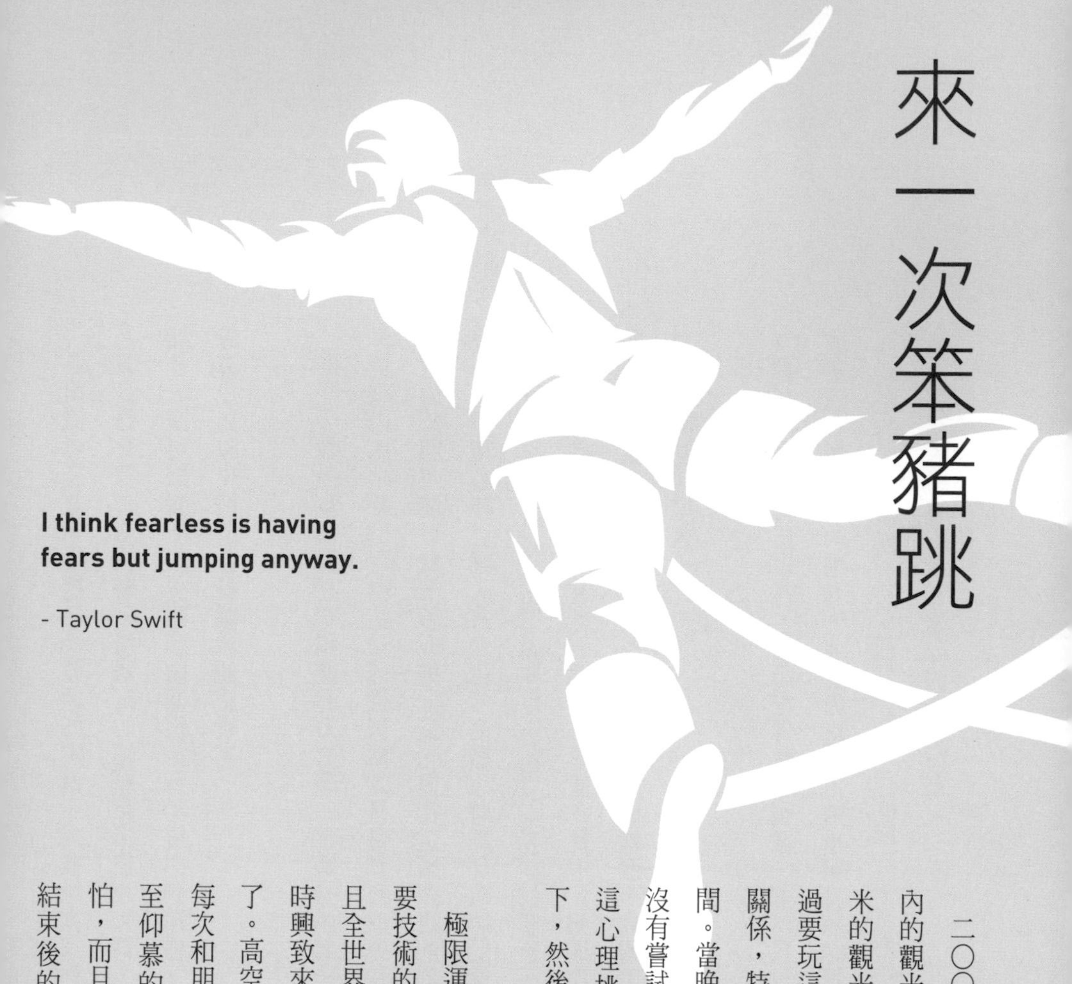

I think fearless is having fears but jumping anyway.

- Taylor Swift

二〇〇五年的一個晚上，我路過奧克蘭市內的觀光塔，那裡有一個廣告說離地面二百米的觀光層可以玩高空彈跳。我之前沒有想過要玩這刺激玩意，但那天不知道是否酒精關係，特別想嘗試，可惜那時已過了開放時間。當晚有點慶幸不是因為自己膽量不夠而沒有嘗試，但也是從那天起，我一直想完成這心理挑戰，也開始把自己想做的事情記下，然後想辦法一一完成。

極限運動中高空彈跳可說是唯一完全不需要技術的項目，只要有膽量誰都可以玩。而且全世界都有可以玩高空彈跳的地方，旅遊時興致來了，膽子大了，那就更敢勇於嘗試了。高空彈跳也是衡量你膽量的標竿之一，每次和朋友說我玩過，多數人會投以驚歎甚至仰慕的目光。其實我覺得並沒有那麼可怕，而且那種難以言喻的刺激和快感，以及結束後的征服感，即使多年後還是記憶猶

離地最高的笨豬跳臺，
還入了金氏紀錄！

新。而且你可能一跳之後，對所有你想達到的心願就從此改觀。

高空彈跳在全世界很多地點都有。第一次勾起我衝動的紐西蘭是這玩意的發祥地，在那裡野外中、市區內都有得跳。為了真正完成這個夢想，我直接去了全世界落差最大的一個彈跳點，那裡其實並不難去，就是近在咫尺的澳門觀光塔。除了落差為全球最大，觀光塔還是由紐西蘭一家專門策劃及管理高空彈跳的公司運作，給人較大的安全感和信心。

那天我準備在下午跳，結果整個上午都忐忑不安。下午到了觀光塔的入口，我覺得自己的腿有點發軟了。乘電梯到觀光層，走到報名的櫃檯前，我要做的就是鼓起勇氣，把差不多約新臺幣七千七百元現金交到櫃檯的員工手上，剩下的就是硬著頭皮把所有步驟完成，直到從離地兩百多公尺的平臺上一躍而下！

工作人員先為我量體重，再匹配好適合我用的裝備，然後我就走到觀光層的室外。那時心跳已經加速到數不清的頻率，我感覺有點像要走到刑場一樣。最讓人雙腳發軟的時刻，是當我雙腳套上安全圈，兩腿無法順利邁開，必須在觀光塔邊緣碎步慢慢挪動到跳板的最前端；那半分鐘真的很揪心。我看到街上的車像在爬行的螞蟻那麼小，跳板的前端當然也沒有欄杆，此時我和兩百多公尺之下的地面只有空氣隔著，那種無助的感覺至今還記得很清楚。

這是最後退縮的機會。轉身往後一看全是拍照和錄影的遊客，我不認識他們卻看到他們為我打氣。那種莫名的英雄感會讓再怎麼膽怯的人也會勇往直前吧。

回眸豎起大拇指，強顏歡笑以掩飾緊張的心情，並向陌生遊客致謝。
不一會兒，就往兩百多公尺下的地面俯衝了！

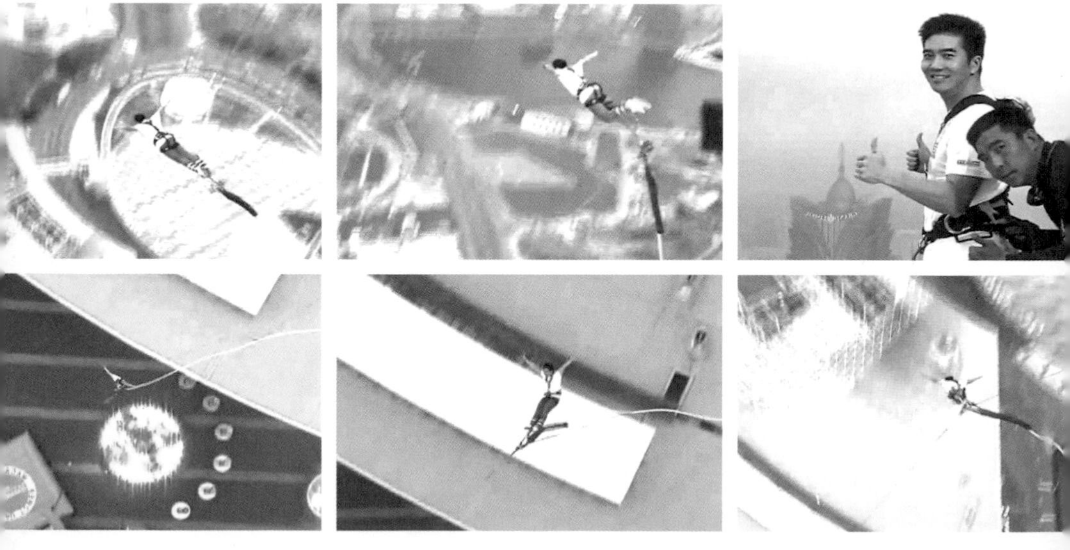

和眾遊客揮手後我就踏上征途，挪動到跳板前段。左右兩側的工作人員做了最後的檢查，然後告訴我如何往下跳。我雙手張開，頭往上仰，在工作人員數完一、二、三後，就完全放鬆地往前傾，接下來就是漫長的自由落體。所謂漫長其實也只有三、四秒，但刺激感當然遠勝遊樂場的所有機動遊戲。飛越下墜的自由感頓時換來強大的愉悅及征服感，本來的尖叫後來也變成大笑。

結束後，我的繩索被緩緩降下，直到我躺在安全墊上。工作人員問我感覺如何，我高呼說：「好玩！」我興奮地衝往觀光電梯準備往櫃檯提取我的錄影光碟。由於興奮猶在，在經過電梯前的商場時，我不由自主地奔跑起來，即使被保安叫住要我慢慢走，我也欣然聽命了。

乘電梯到頂層後，電梯門一打開就遇到之前見證我跳躍的遊客，他們友善地用多種語言恭喜我。然後我又遇到幾個年輕的日本遊客在考慮是否嘗試笨豬跳。我毫不猶豫用我有限的日語對他們說：「棒！」「加油！」後來他們也鼓起勇氣接受挑戰了。

領了光碟後，我在觀光塔頂層回味剛剛那幾秒的過程，然後再次回到地面。途經商場時遇見其中一個日本年輕人，他也剛完成高空彈跳，並和我一樣興奮地奔跑。有趣的是，他也被那位保安勸止別跑。我看見他面帶燦爛笑容並把步伐慢下，接著對這位戰友衷心地說了聲恭喜。

高空彈跳的英文是Bungee Jump，香港人用了有趣的諧音翻譯成「笨豬跳」，但我覺得玩過這玩意的一點也不是「笨豬」呢！

跳一次傘

I discovered sky diving. Free Fall. Free. With nothing around you, just a parachute on your back. And you go down. But you don't feel like you are going down. Total freedom.

\- Yves Rossy

穿過雲層時的自由。
難怪這項目出現在很多人的 Bucket list 中。

如果做一個Bucket List的統計，跳降落傘應該是其中一個最常見的項目。光想像從一萬多呎的高空跳下，就知道這是一件挺瘋狂的事情。電影《The Bucket List》（臺譯：一路玩到掛）裡面兩位主角一起做的第一件事就是跳降落傘，估計編劇也覺得這個活動能對大部分觀眾有震撼力。偶爾也會聽到一些八、九旬老人跳降落傘而成為新聞，但我覺得要跳傘其實可以趁年輕時去，因為不少跳傘的地方都對參與者有年紀的限制，而且年輕時跳還可以有更多年頭去回味和炫耀一下。對了，我在這裡說的跳傘，不是真的自己背著降落傘跳的那種，而是有人拉著一起，沒任何技術可言，有膽識就可一試！

想嘗試，那就找個有Sky Dive的地方吧！在網上搜一下也不難發現有很多選擇，而我則去了一個不太遙遠的關島。除了關島，

準備踏上征途了。我們坐著特製的跳傘機，俯瞰晴空下的美景。

紐西蘭、澳洲、斐濟、美國的夏威夷等地方也有Sky Dive，價錢也都在三、四百美金左右（約新臺幣一萬元）。有地方、有錢，當然還要有膽量！真正嘗試後，跳傘其實並沒有那麼可怕。

我參加跳傘的基地是在關島機場裡面的一個限制區域。很幸運的是，那天天氣非常晴朗，我想好天氣應該可以降低恐懼感吧。到達登記處後，發現到處都是跳傘的照片和視頻，被拍攝的人，有的比著大拇指，有的露出狂喜的笑容，或是放聲尖叫。這些行銷方式也真的夠有效，包括我在內所有到場的人，還沒跳傘都已經興奮極了。有這麼興奮的心情，誰也不會害怕簽署危險運動少不了的免責條款。

登記時我需要選擇跳傘的高度，那時候基礎價為兩百八十九美金（約新臺幣九千元）一跳。這基礎價讓你可以在八千英尺高空跳下，然後每加四十美元（約新臺幣一千兩百元）你就可以有額外的兩千英尺。這家公司提供最高的跳傘高度是一萬四千英尺，在這高度跳傘者大概有七十五秒的自由落體時間。後來發現連我在內同行的遊客全部都挑了這個最高高度，看來辦公室那些跳傘視頻真起了不少作用！

換了衣服後我們就與已經整裝待發的跳

傘教練會合，他們是確保我們能安全返回陸地的人。我的教練是一個俄羅斯人，他知道我會說中文後就用普通話叫我「兄弟」。我回應：「今天我是你小弟。」因為我的生命馬上就要付託給他。教練簡單講解後，我們就登上飛機。

那是一架小型的螺旋槳飛機，機上沒有座位，我們要屈膝而坐。從地面飛到一萬四千英尺大概要花十五分鐘。雲霄飛車在俯衝前的攀爬通常只有十秒左右，但已經夠難熬呢，這十五分鐘的飛行攀升對心理的煎熬更不用說了。這時我看周圍的人都是安安靜靜的，面部表情非常緊張。我的教練Yuri是幾位教練中最健談的一個，慶幸有他我才沒那麼緊張。除了聊天我也試圖透過觀看窗外景色來舒緩緊張的心情。

蔚藍的海水、皓白的沙灘及連綿的成排酒店，在高處盡收眼底。早上燦爛的陽光把景物照耀得特別有層次感，美景像是一張慢慢移動著的明信片。但是再怎麼分散注意力，也難以控制心跳加速。攀升了十多分鐘我們終於到達了目標高度。教練們都紛紛和自己的學員buddy溝通及用安全扣將彼此繫在一起，我們就像嬰兒被母親抱著一樣在教練的懷裡。Yuri和我緩緩地用屁股和腿挪動到飛機的側門。我和Yuri並不是第一組，當我看到前面的人突然間從

閉上眼睛是減少緊張的良法。再睜開眼睛時，飛機已經離我們而去了。

在空中的狂喜！

視線中消失，那時我的心率應該有每分鐘一百五、六十下吧！終於輪到我和Yuri了，他提醒我把頭抬高、雙手貼著胸部、雙腿也盡量抬起。我們已經在門邊坐著了，我忍不住往下看了一眼，一萬多呎下的陸地就在我雙腳之間。

我按照指示抬起頭，此時看到的只有蔚藍的天空，我心裡也像天空一樣豁然。突然間我感到無比的離心力，再看到的是我們的飛機——我們已經離開飛機往陸地掉下去了！離心力維持了不到十秒，我們已經達到終端速度，這時已經不再加速，所以也沒有離心力了。我們變成自由落體，此時大概以每秒六十公尺的速度下降。在此速度下我的臉就像被風吹起了波浪一般，但我並沒有被高速和強風影響，甚至沒覺得Yuri就在我身上，只覺得自己是在一萬呎的高空往下俯衝的自由體。

一分多鐘後我們就要打開降落傘，那大概是在五千呎左右的高度。降落傘打開，傘的阻力讓我們頓時減速，最後速度降至每秒五公尺，那時的飛翔相對寧靜和輕鬆了。我偶爾會做自己在天空飛翔的夢；感覺那一刻夢境成真了。Yuri綁在手上的攝錄機把我的興奮表情完全收錄。他問我覺得怎麼樣，我說：「This is so fun！」的確太好玩了，我都不想著陸了。清新的空氣、寧靜的空間、迷人的景致，我們就在這樣的環境下翱翔了五、六分鐘。回到地面時我雙腳提起，Yuri順利將我們安全著陸。我和他來了個熊抱，那天我興奮了很久。

很巧合執筆時在飛機裡剛好看到旁邊的乘客在看《Kingsman》（臺譯：金牌特務），剛好是在演主角跳傘考試那一幕，男女主角最後只有一個降落傘，驚險非常。看到旁邊的乘客目不轉睛的緊張表情，後來我跟他說我也試過兩個人跳傘，但只有一個降落傘的經歷，我們都笑了！我跟他說，跳傘真的是人生起碼要做一次的事，而且是做了就永難忘懷的事情。他笑著點了點頭，至於有沒有勇氣去做，就看他自己了。

安全著陸！跳完傘的心情，比那天的晴天更耀眼。

坐一次滑翔傘

Start where you are. Use what you have. Do what you can.

- Arthur Ashe

我們坐在草地上。那天風和日麗，本應是個悠閒的週末，但是我卻萬分焦急地在等風來。合適的風不來我們就飛不了。

那一天的十年前左右，我第一次看到滑翔傘。在法國經過阿爾卑斯山山腳下，山上隨風飄蕩著十幾個滑翔傘，以白雪皚皚的山作背景緩緩翱翔於空中。我頓時嚮往這種自由感，但卻覺得這活動遙不可及，漂亮情景只是依稀記住。

也許是因為對那一次雪山前的風景念念不忘，有一次偶爾看到一個關於協助他人完成願望的網站提及到滑翔傘，就趕緊查詢了一下，活動地點居然是離我家不遠的杭州。經過輾轉詢問，我終於找到教練，他是一位有多年飛翔經驗的義大利人。飛行價格連車費是可接受的一百多美元（約新臺幣三千多元）。體驗這活動關鍵是勇

斑斕的滑翔傘，點綴了平淡的山巒。

氣，不需要任何特別事先訓練或技術，就像跳降落傘一樣黏著教練就行了。

飛行那天，經過一路奔波，十二點多終於到達起飛地。教練擔心風向隨時可變，所以叫我們不要吃飯就先飛，飯前飛也是避免易暈的人吃太飽會嘔吐。我是第一個飛的人，飛行中是和教練一起。我作為體驗者是在前面的位置，並背著一個像座位的背包，讓我在天空中坐著，教練則在我身後。

帶上頭盔後，教練叮囑只要他喊口令我就要奮力往前跑。才一說完，他感覺到風勢對了，立即喊口令。我拚命往前跑了大概十多步，感覺雙腳離開了地面，但我謹記教練的囑咐繼續跑，那一刻感覺自己會輕功一樣。跑這個動作再簡單不過，但首次飛翔的緊張卻讓我變得手忙腳亂，一直

遠離起飛基地的滑翔傘，愈升愈高。

到飛升起來時，才發現我的嘴巴都還是慌忙的張開著。不一會兒真的感覺飛上天空了，腳下就是樹頂。我興奮地拿著特殊的自拍錄像機拍自己又沿途拍下和我們擦身而過的山崖和樹林，這時見到天空有幾個也一起漂浮著的滑翔者。

滑翔當天由於風不算大所以我們沒辦法利用氣流把自己升得太高，但仍可在空中逗留十五、二十分鐘才著地，這個比我之前試過的笨豬跳及跳傘所歷經的時間都要長多了。滑翔傘本身不算是激烈的極限活動，它沒有離心力和快速感。但第一次的體會還是讓我興奮不已；在離地幾百米的半空漂浮，感覺夠刺激了。結束了第一次的滑翔我連忙問是否還能再飛？教練說可以，只可惜下午所剩的時間內風向都不對。

適合飛的風向應該是從懸崖邊方向迎面吹來，滑翔者往懸崖跑，傘就被風撐起來，這景象也是圍觀的人特別喜歡看，滑翔者特別帥的一刻。可是當天下午的風都是順風，除非我們比風跑得還快，否則傘是撐不起來的，而且就算飛出去亂氣流也可能會造成危險，我們只好坐在草地上等著風來。

等風時和一個同行的義大利人聊天，他分享了一種我從未想過的飛翔旅行方式。

他每次出差都帶著滑翔傘，有機會不管到了世界什麼地方都要飛，他的滑翔經驗已經超過二十年了。活動當天他在空中逗留了近一個半小時，雖然風不大但他憑著經驗，每次感覺到有氣流他就可以往更高的地方飛。他也分享了在德國居住時的飛翔方式，聽完讓我對滑翔傘這活動有了新的憧憬。這種方式叫Cross Country，他會在一個山頭起飛，讓風把他帶到另外一個山上，降落後再飛往另外一座山飛去。這樣飛他可以到達離起點十多公里外的地方，飛累了他就停下來，打電話讓家人或朋友去接。這樣隨風飄蕩，是自由自在的真正感覺。

風的狀況不理想，第二次的飛翔只能留到將來了，這樣也可以給我再參加活動的藉口，說不定到時沒那麼忙我還可以參加那個執照課程呢！

開一次飛機

常聽說想開輕型小飛機要上很久的課，沒想到我什麼訓練都沒有就坐在副駕駛的位置了。

在飛機跑道上，一架大客機在我們正前方滑行過去。正駕駛說我們會接在它之後飛，並在那時他才告訴我待會怎麼操作讓飛機起飛。我心裡想，你是認真的嗎!?

When once you have tasted flight, you will forever walk the earth with your eyes turned skyward, for there you have been, and there you will always long to return.

- Leonardo Da Vinci

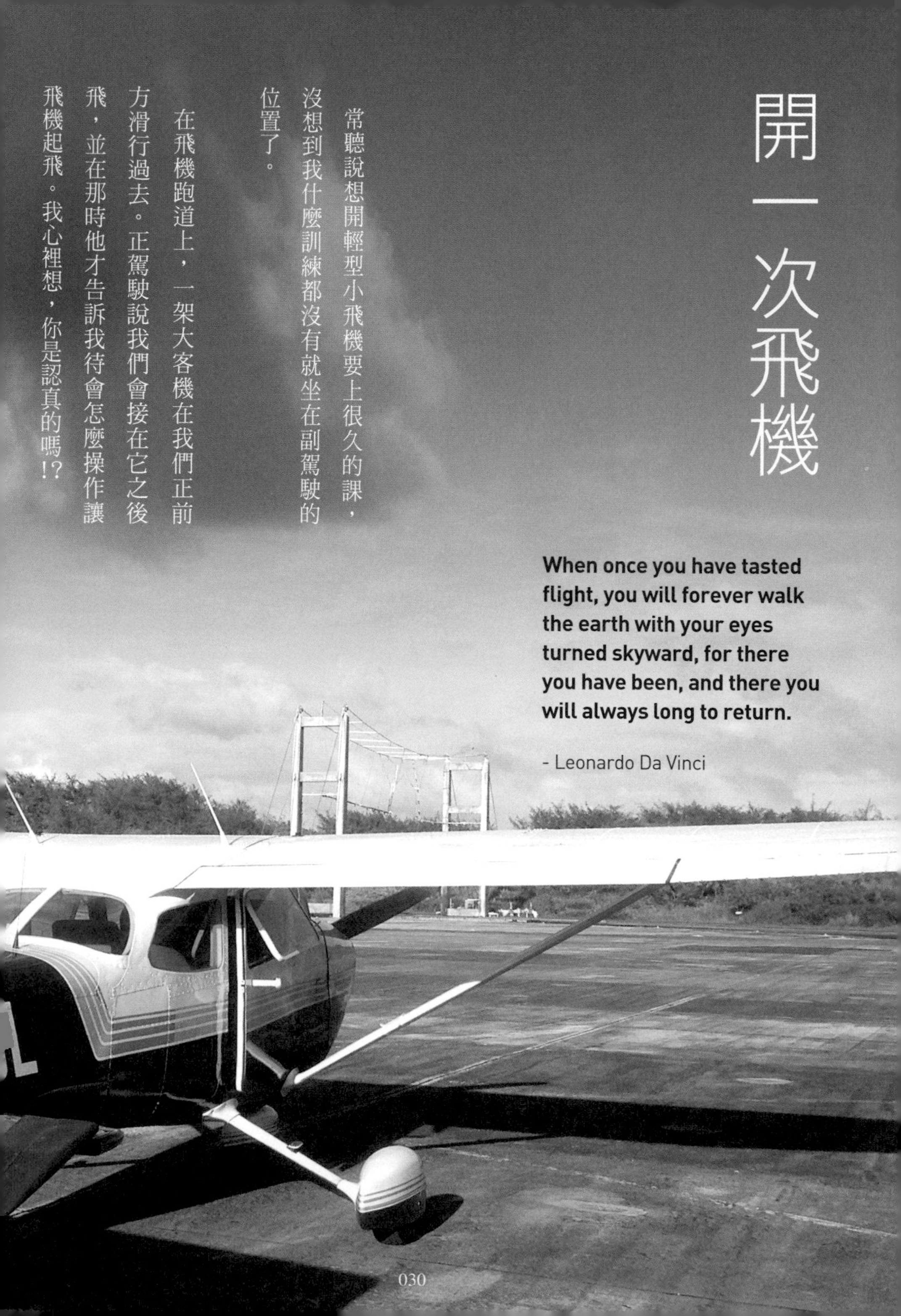

在此次飛行之前一直很羨慕能開飛機的人。有一次，在美國坐了一位好朋友的小飛機，在他家附近的密西根湖上空飛了好一會。他不算富有，退休後拿積蓄買了一架飛機。他最大興趣就是飛到美國不同的地方，對他來說這樣的出行就像我出門自駕遊一樣，但飛翔的自由和節省的時間是開車難以相比的。

要飛行除了買飛機，還得要花上數十小時學怎麼飛。其實還有簡單點的方法可以體驗飛行的自由，比方說去充滿激情玩意的關島就能達成。不少旅遊書都會介紹當地的活動，開飛機就是其中一項。但估計大部分有興趣的人要嘛誤以為費用高昂，要嘛以為需要飛機執照，所以懶得致電查詢。在關島開飛機，一個小時的體驗，不需要執照，也不需要提前訓練，費用也只要兩百美金。

我就是帶著這種誤打誤撞的心情打去查詢。接電話是個英語流利的日本人，簡單聊了幾句，他告訴我到店裡就可以直接飛。按時到了他們在機場裡的辦公室，接待我的就是跟我通電話的日本人，後來才發現他也是將和我一起飛的機師！辦好簡單手續後，他就帶我到停機坪上的一架小型飛機旁。他讓我帶上耳機，因飛行時聲音吵雜，所以我和機師只能用耳機溝通。我在機師旁坐定後，他簡單的介紹了操控板、幾個關鍵的顯示器及操控把手。接著他打開發動機，我們就準備到跑道起飛了！

不用練習就能開飛機是件讓人興奮和害怕的事。機師介紹我如何加速及減速，如何看著水平儀保持飛機的平衡，如何推拉方向盤讓飛機往上及下降等基本操控技巧，全都在從停機坪到跑道滑行的三分鐘內完成。為甚麼可以那麼草率？原來這架小型飛機有兩個方向盤，若我有不正確的操作，坐在我身旁的機師可以隨時修正操控。

當飛機到了跑道中央，機師指示我把螺旋槳加速，飛機往前加速後不到十秒，機師再令我把方向盤往後拉，飛機接著就上升了。我在飛了！這感覺真的很神奇，地上的物件也愈來愈小，雲層離我們愈來愈近。和坐民航機不一樣，我看到的一切都是透過駕駛艙的擋風玻璃。飛機在空中基本上是我在操控，在空中沒有其他的障礙物，我要做的就是控制飛機的方向。這可能比開車還簡單，但興奮度當然要超出很多。

按著機師指示我沿著岸邊飛。到了情人崖機師告訴我那裡氣流會較不穩，果然飛機在懸崖上抖動得厲害，即使機師叫我往上飛躲開氣流，但還是有幾次失重的感覺。我整個手心出汗，長達一分多鐘的晃動，是整個航

身兼多職的正機師，和臨時上陣的副機師。

程最驚險漫長的一段。

在約二十分鐘的航程裡，我把關島和附近島嶼遊了一遍，眼前藍天白雲及眼下海洋及青翠山巒，景致讓人難忘。飛航旅途的最終動作當然是降落，這比起飛難度高得多，操作基本上都由機師來完成。這次旅程比任何商務航行都要短，但是記憶卻深刻得多，我還拿到一本有我名字和機師為我記錄的飛行紀錄冊，若下次再飛可以繼續記錄。

結束飛行活動臨走的時候，看到一位專門跑來學開飛機的日本人，他打算在關島逗留一個月直到把飛機執照拿到。我渴望將來也有這樣的機會，雖然還不知道何時才能有時間，但是有了這次短暫的飛行經歷，也足以讓人興奮好一陣子了。

飛一次滑翔翼

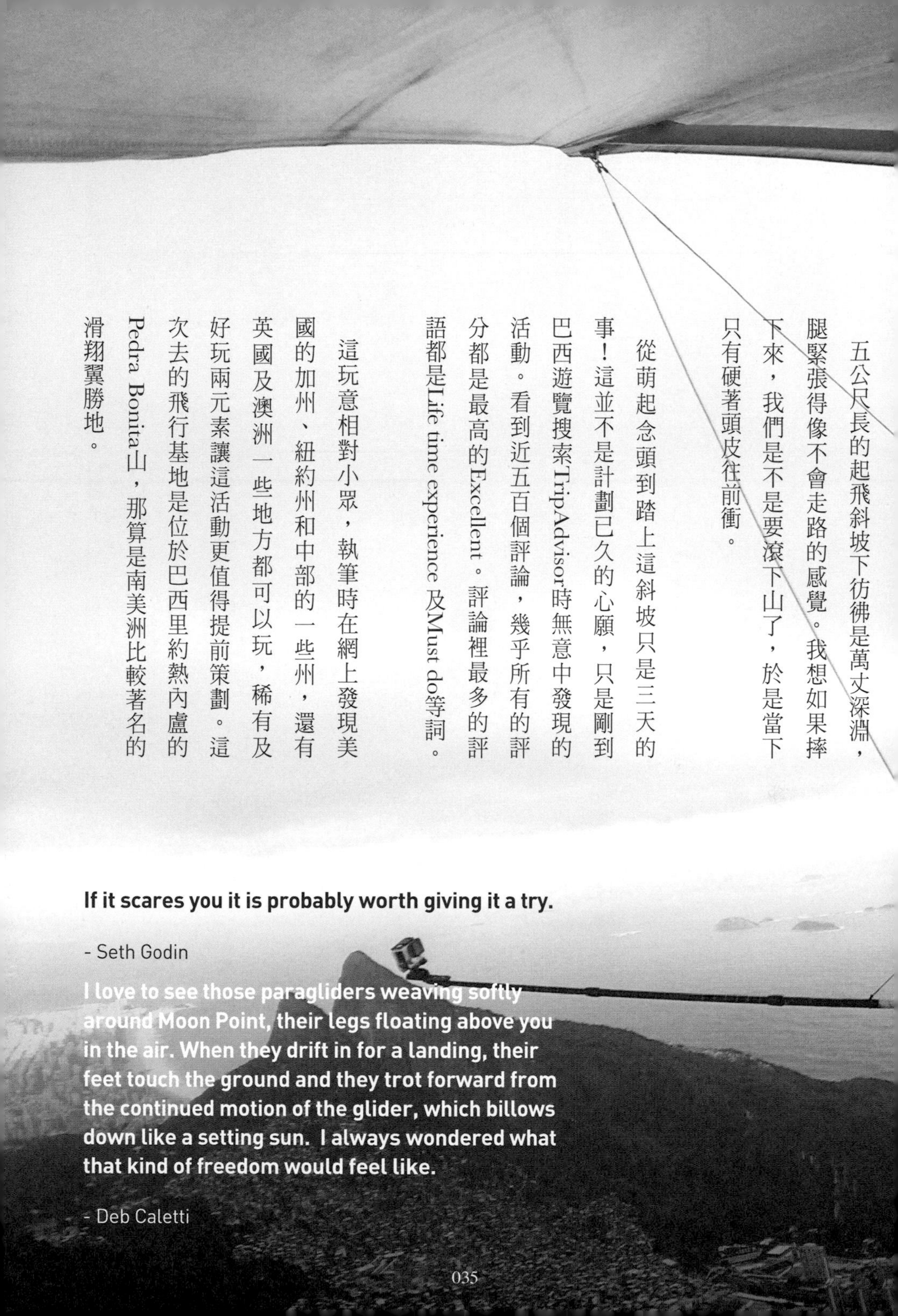

五公尺長的起飛斜坡下彷彿是萬丈深淵，腿緊張得像不會走路的感覺。我想如果摔下來，我們是不是要滾下山了，於是當下只有硬著頭皮往前衝。

從萌起念頭到踏上這斜坡只是三天的事！這並不是計劃已久的心願，只是剛到巴西遊覽搜索TripAdvisor時無意中發現的活動。看到近五百個評論，幾乎所有的評分都是最高的Excellent。評論裡最多的評語都是Life time experience 及Must do等詞。

這玩意相對小眾，執筆時在網上發現美國的加州、紐約州和中部的一些州，還有英國及澳洲一些地方都可以玩，稀有及好玩兩元素讓這活動更值得提前策劃。這次去的飛行基地是位於巴西里約熱內盧的Pedra Bonita山，那算是南美洲比較著名的滑翔翼勝地。

If it scares you it is probably worth giving it a try.

- Seth Godin

I love to see those paragliders weaving softly around Moon Point, their legs floating above you in the air. When they drift in for a landing, their feet touch the ground and they trot forward from the continued motion of the glider, which billows down like a setting sun. I always wondered what that kind of freedom would feel like.

- Deb Caletti

意外發現這個活動，是我在里約的第一天。那天我立即致電滑翔翼公司預訂活動。但是這個和一般預訂旅遊行程不一樣，能否成行很大程度取決於天氣。我在巴西的三天風勢都比較大，所以只能等工作人員在風變弱時隨時聯繫。

沒想到在第一天傍晚前就收到通知說風勢可以了，可是當時我已經在糖麵包山，所以趕不及去。第二天早上去完基督山後，風勢愈來愈大，又不能飛。當天為了可能突如其來的飛行通知，我下午刻意沒有安排別的行程，結果只能在離家三十小時航程的里約度過了一個無聊的下午。

第三天我一起床就看看窗外樹木搖擺的程度，感覺風勢稍弱，我連忙與滑翔翼公司聯繫，他們說風還是不適合。我開始打消這次圓夢的念頭了，也懊惱第一天錯過了飛行的機會。

接近中午時我去了巴西最大的貧民窟，那是儼如一個獨立小國般的高密度社區。和導遊閒聊我本來是想玩滑翔翼的，他告訴我飛行基地其實就在附近，天氣好時，會看到滿天的滑翔翼。在貧民窟行程快結束時，我終於看到天空出現了一只滑翔翼！聯繫了公司他們說風還不是最適合，但建議我可以去在附近海灘的集合點等等看。

到了集合點，我還是心情忐忑，現場的導師先為我辦了張臨時學員證，隨後他開小車載我往後面的高山去。我們通過一條愈來愈窄的路，我像小孩問家長一樣問了導師好幾次，等一下能玩嗎？他嚴肅地說要上山才知道。到山上後居然已經很熱鬧了，那兒大概有二十個本地人正為一個要飛的家人加油打氣。我挺羨慕有這樣的應

在起飛臺上萬分緊張，就連先邁開左腿還是右腿都要思考。飛入空中後自由的快感把緊張感消除了。

援團呢。

導師往起飛平臺邊緣一站，過了一會兒他的助手把滑翔翼架設起來，導師則幫我把背心和頭盔戴上。我心想：我能飛了？之後導師要我模擬起飛的步驟，站在他左邊、把右手輕放在他右肩，把左手放在我的胸口（目的就是不讓我無意誤觸碰到滑翔翼）。我和導師模擬了一陣子後，居然有點腿軟而追不上他的步伐，他說一定要跟上否則我們就要一塊到醫院了。這麼說我反而覺得安心了一點，因為他沒說我們會摔死！我想著再多練一次時，助手說滑翔翼已經架好了，導師沒空和我再練了！

下一刻我到了架好的滑翔翼旁，為了自我鎮定我反拍了圍觀的人群，我比那位有很多家人打氣的當地人還要早點飛。熱情的巴西人向我舉起樂隊歌迷喜歡用的Rock on手

著名的 Ipanema 海灘就在我們的腳下，稍後還會變成我們的降落跑道。

勢，我真希望待會我不會像滾石般滾下山！確定好裝備的安全，我終於來到了起飛平臺。那是一個建在離地五百二十公尺的懸崖上，約十公尺寬、五公尺長的木製斜坡，前方視野能清楚看到Ipanema海灘和大西洋。

我把右手放在教練肩膀上，他示意我輕點。然後問我：「Can I trust you？」我硬著頭皮說：「Yes you can！」他很淡定的說了句「Look at the horizon.」，並舉手讓我注視水平面，暗示我不要看下面的懸崖。「Just run into the air」他說。我看著遠處的海平線深呼吸，而導師則像跳高運動員助跑前，身體前後晃動，而且幅度愈來愈大。我知道要準備跑了，緊張得不知道該左腳還是右腳先動。「Run！」導師大聲一喊，我不顧一切往前衝，果然如他所說，我們直奔空中而沒有摔下來，瞬間感受到和跳傘一樣的離心力！

我們飛行速度很快，完全不像以往坐滑翔傘那樣緩慢。導師有一個測量高度的儀器，高度一下去它就嘟嘟地響，有點像飛機失去動力時往下俯衝時的警報，這顯然增加了緊張氣氛。導師其實特別有經驗，他不停地去尋找能讓我們上升的氣流，這個氣流離山邊特別近，我有點擔心我們會不會撞到山，但是擔心的同時，眼下的樓房、高爾夫球場還有長灘海洋美景一一攤開在眼底。此時導師要我伸開雙手，就像飛鳥一樣，我們繼續利用氣流愈飛愈高，最高飛達七百多公尺。在這高度我又看到了震撼的基督像山。這是我第三次看這世界奇蹟了，第一次以登山方式在他的腳下；第二次坐著直升機盤旋俯瞰了他；第三次則全無阻隔地像飛鳥一般遠眺了他的偉大。

我們在高空高速飛行了近二十分鐘，不一會兒就飛到預定降落的地方，那就是我之前集合的海灘。要著陸的話，得要先飛往大海之上，身下景色從房屋變成海水。我覺得更無拘無束，真想繼續遠離陸地的飛去。但導師還是理智的，他就像機師控制飛機一樣嫻熟，把滑翔翼轉向與海灘平行地飛。他把吊著我們的腳帶鬆開，我們從平臥的姿勢變成垂直，海灘變成滑翔翼降落的跑道，我們的腿就是滑翔翼的輪子。就像起飛一樣，我們雙腿觸碰到沙灘時就拚命地跑，滑翔傘也慢慢停下。

導師問：「How was it？」我說：「That was great！」我還打趣地說：「I told you that you can trust me！」活動結束看看手錶我也該回去酒店辦退房了。滑翔翼這活動集合了笨豬跳、跳傘、滑翔傘和小型飛機的刺激和美妙，真心覺得幸運地能參加了這活動。去酒店一路上我微笑著，為這段得來不易的經歷心懷感恩。

去一趟需要勇氣的旅程

No object is mysterious.
The mystery is your eye.

- Elizabeth Bowen

北韓這神祕的國度，是這麼的近卻又那麼的遙遠。到北韓是我一直以來的夢想，但除了欠缺勇氣外，也找不到合適的機會。如果有機會你會不會去？

其實北韓有一個一年一度的盛事，只要參加就可以前往。在一個偶然的情況下，我看到一個平壤馬拉松的旅遊產品，問了舉辦方很多關於當地遊覽的問題。總結一下，最關鍵的是手機會完全沒有訊號，以及旅遊時一定要跟著導遊不能自己亂逛。考慮了好幾天後我就決定報名了。

去北韓主要的路線是通過中國遼寧省的瀋陽或丹東，我是乘火車從丹東入境。進入北韓境內後沒多久火車就停下來，接著花了近兩小時辦理入境手續。第一次看到朝鮮軍人，團友們都挺緊張的。軍人要登記我們的電子產品，並要抽查部分人的手機和相機，看看有沒有他們領導人的照片，因為這是遊朝鮮的大忌。我的行李後來也被抽查，軍人看到我一半行李都是放方便麵和餅乾，也就沒多問什麼。後來發現朝鮮給遊客的伙食其實也不差，這些乾糧也沒什麼必要了。

檢查過後心情輕鬆一點，我就去月臺買了瓶朝鮮的啤酒，按導遊指示我沒有拍火

每年一度的萬景台馬拉松是田聯也承認的大賽。

上：南韓看北韓。下：從北韓看南韓。都是板門店。

車以外的其他事物，尤其是軍人，因為這又是另一大忌。我們坐的是三層硬臥的老式列車。由於是白天的行程，我們都坐在最下層聊天。五、六小時的車程頗快就度過了，最後終於到達了首都平壤。

出行前很多朋友都說在北韓不要亂拍照，但上了旅遊巴士後，看到不少團友往窗外拍，朝方導遊也沒有阻止，我也安心跟著拍起來。後來才知道是近年管制放鬆了。看到這裡的街景，人們有秩序地下班，店舖井井有條的，有人覺得很像製片場的場景。

晚飯後回到酒店的第一件事是要和家人報平安。由於在北韓外來的手機是完全沒有訊號的，所以也不得不花每分鐘兩美元打個電話。四天完全沒有訊號，也真的是自從我用手機以來從沒有過的經歷，沒想到在朝鮮旅遊還被迫享受了一次沒手機干擾，完全放鬆的機會！

這次在平壤最重要的目的是跑馬拉松。我們第二天在酒店集合後就前往金日成體育館，集合和起跑。這可是世界大滿貫賽事都沒有的開場方式。我們到了體育館停車場時已人聲沸騰，那裡停滿了一輛輛把外國跑手送來的旅遊巴士，也有很多趕往體育館的市民。

我們外國非專業跑手在體育館外面集合，九點鐘就準時邁進體育館。來自世界各地的跑手與高采烈的邊拍手邊尖叫地步入會場。體育館座無虛席，全都是來為我們打氣的市民。這場面就像奧運開幕式選手進場般，讓人興奮和感動極了。現場觀眾為我們喝采時還玩起人浪來。我們在運動場的中央集合，完成簡單但莊嚴的儀式後，沒多久就起跑了！

我用手機來檢測跑速，雖然沒有信號，但神奇地，手機還是能測出我們的定位。後來看到很多跑手都紛紛拍照，我也開始不管之前導遊的指示跟著一起拍了。路跑的路線都經過平壤的名勝和主要街道，如凱旋門、金日成廣場、琵琶大街等。

賽跑當天是週日，街上有不少觀看的市民。除了小孩大部分市民還是比較含蓄的，但當你主動和他們微笑和揮手時他們都毫不猶豫地回禮。這些鼓勵對我這個業餘跑手來說還是很有用的。某些路口聚集了很多小朋友，我們一些熱情的跑手還和他們High Five，小朋友都覺得很新奇。終點站也是開跑的運動場，和奧運會一樣，結束

座無虛席的金日成體育場。

衝線一刻，還是要拍一下
現場幾萬名群眾的喝采。

前必須要繞運動場再跑一圈！我跑的半馬難度雖然不能與全馬相比，但也慶幸這次跑出個人最佳成績，熱情的朝鮮市民功不可沒。外國來的跑手才五百多名，但是場館內卻有近五萬名觀眾為我們打氣！

接下來的一天半是在平壤的旅遊，景點包括金日成故居、中朝紀念碑、高麗博物館、凱旋門、地鐵、學校和超市。遊平壤當然少不了板門店，這裡近年因歷史性的南北韓領導人會唔而變成新聞焦點。前幾年在南韓也去過板門店，在那裡參觀一步之遙的北韓，兩地之間僅用一條幾公分高的水泥隔開。那次剛好看到對面在北韓參觀的遊客，心裡想這些遊人真勇敢，心裡也好奇他們的旅程是怎樣的。這次在另一邊舊地重遊，彷彿做了件以前覺得沒可能的事情，同時也聽了很多另一版本的歷史敘述。

臨走前的一晚我們在未來科學家大道夜逛，連我在內的三個團友互相拍了幾張夜景，回頭一看其他團友和導遊都不見了。這是三天以來第一次，因為我們通常都被盯得緊緊的。我們三人討論要不要到處找找或搭計程車回酒店。最後還是按我們平常教育小孩的方法，走丟時要原地不動。我們也確實有點像小孩一樣忐忑著會不會有人回來找。不過這次掉隊倒是讓我們有十分鐘沒有導遊的時光，讓我們可以近距離看看在路上行走的平壤市民。正如導遊所說，這裡很安全，那怕是在晚上的行人都是端端正正的。

來之前很多朋友擔心我的安全，來了後發現只要聽導遊的指示，尊重北韓的領導人，不亂拍軍人的照片，不亂跑，不妄加評論這個國家，其實也沒什麼值得擔心的。後來閒談時問領隊過去她帶了那麼多朝鮮團，曾有沒跟團回來的遊客嗎？她想了想回答，好像只有兩個人要多滯留幾天才能回國。這兩人一個是晚上自己溜出去拍軍營的照片，另外一個是自己跑去傳教了。想想現在不甚太平的世界局勢，說不定去朝鮮旅遊比去很多國家都要安全吧。

回想順利出境回國當天，反而比參加馬拉松完賽還要讓人有更多的成就感。無論如何這是一次充滿激情和刺激的特別體驗。需要勇氣的旅程，可能是去亞馬遜森林、南極或是中東國家，踏足這些地方都應該有那種讓你感動的激情和成就感。好好策劃一下，也許很快就可以實現。

未來科學家大道可以說是北韓最美的夜景。
我和幾位團友有幸在此迷失了一會兒。

Chapter 2

世界之美

WONDERMENT

我一直收藏一個自己想前往的地標清單。許多地標都有懾人的魅力。在快要到達地標之前，我會忍住不從遠處看，直至走到接近時，閉上眼、抬起頭、再睜眼看就在眼前的地標。有幾次這種瞬間的震撼，讓自己都感動到想落淚了。

說到建築物的地標，最震撼的可以說是世界新七大奇蹟，礙於篇幅所限，我只挑選出個人覺得最精彩的三個。這一章我也寫了幾個和自然相關的事物，當中不能不提的肯定是看北極光，那也是很多人的心願。

還有幾篇是從過往的經歷變成的心願。如到墨西哥和鯨鯊游泳、到美國加州看世界最大的樹。值得一提的是，再平常不過，每天也有的日出。也許是天天都發生的緣故，我們都忘記她的壯麗了。美好其實就在我們的附近。

看了這些事物，心裡除了震撼，還會有一種平靜的安詳。雖然感覺到自己渺小，但是卻為能看到這些壯闊美景而慶幸。

天天能感動

To simply wake up every morning a better person than when I went to bed.

- Sidney Poitier

天天都有機會做的事情，是不是反而顯得不稀罕？

我說的是象徵希望的日出，這是每天都發生的事情，而且可以說是完全免費的項目。如果一個人能活到九十歲，那麼一輩子就有近三萬三千次看日出的機會，但在我們臨終前看到的日出的次數可能屈指可數。

幾年前和家人去臺東，住在海邊的民宿，那是看日出最便利也最棒的地點。我提議：「不如早上看日出吧！」沒想到同行的家人居然大部分都沒有特意看過日出。到最後大家都願意天沒亮就爬起來，這說明每天發生的事情，其實還是很有意思的。

日出雖然每天都有，但看日出確實值得記錄。除了因為要在天未亮時對抗睡魔之外，還得面對不測風雲，萬一冬天還得冒著低溫。光這樣已經是件很了不起的事了，更何況運氣好的話，還可以看到刻骨銘心的壯麗景象。

第一次有計劃地去看日出是很久以前，那是在臺灣墾丁的仲夏，太陽升得特別早，所以四點多就得爬起來。我頂著強勁的海風走到懸崖邊靜候太陽出來，本來想看海平面探出頭來的太陽，但因大霧只能看到躲在雲裡的日暈。儘管如此還是欣慰自己看了人生第一次日出，那一年我其實已經活了超過四分之一世紀了。

多年後登富士山，那是兩天一夜的登山行程，而看日出是行程的亮點。在八合目的山屋裡像沙丁魚罐頭般擁擠的床鋪待了半晚，第二天三點多就要起來出發，開著頭盔燈摸黑攻上山頂，短短的距離卻也走了好一會。後來我去了整個富士山的最高點等著，那是

由右至左：緬甸、日本、北韓、芬蘭，一樣的太陽，不同日出的景致。

九月的早上，山頂的溫度卻接近零度，加上強風，我冷得嘴巴亂顫。那天多雲，早晨的太陽姍姍來遲並從雲層冒出來，雖然並沒有想像中完美的地平線日出，但不管怎麼樣我還是在富士山看到「御來光」，這也是很多日本人的夢想與心願。

最美好的事情往往是不期而遇的。後來又有一次在馬爾地夫待了好幾天放空的時光。這本來就是個漫無目的放鬆旅程，卻在臨走的那一天，不知何故醒來特別早。周遭還是漆黑一片，再看看手機的Starwalk App，太陽還沉在我們正前方的大海裡。我爬起來走到房間前連接大海的小平臺坐下，雙腿懸空在海面上，安靜地等著太陽升起。那時海面沒有船隻，萬里無雲，潮退讓海浪聲變得安靜。在這樣的美景中我忍不住叫醒了還在熟睡的太太一起等待。在印度洋的夏天，晨曦沒有北亞的涼意，我們穿

著短袖T恤，在大海前發呆了半個小時，看著漸漸明朗的天空從深藍變成淡藍。突然海面上的天空出現一線金黃色，接著海面變成火紅，然後第一絲的金光從水平面亮起，我和旁邊的太太沒說話沒自拍，此刻誰也不想打破這令人欣喜的平靜與美麗。太陽愈升愈高，光芒也愈來愈耀眼。

看日出不像看日落有那種惋惜感，看日出時陽光愈來愈強直到眼睛再也受不了時，自己也得鼓足幹勁迎接新的一天。執筆時突然有個想法，就是在自己踏下知命之年的那一天看日出。願那是一個安靜的早上，看著絢爛的光芒，心裡充滿期盼和希望去迎接下個十年的第一刻。

天時地利人和，可讓平常事添上無限的紀念意義。找個好地方、好時刻與你喜愛的人去做這件不難實現又帶點瘋狂的事情吧。

親臨奇蹟——馬丘比丘

In the variety of its charms and the power of its spell, I know of no place in the world which can compare with it.

- Hiram Bingham

長廊的右邊是「Incan」，左邊則是「Incapables」。

站在這個一直夢想前往快二十年的地方，閉上眼緩和激動心情，再緩緩睜開眼睛——我終於來了！壯麗的群山風光和快要完成心願的感覺，讓人激動得快喜極而泣。

我的夢想之地，是世界七大奇蹟之一的馬丘比丘。這次我和兩位同學一起，從波士頓一路輾轉來到秘魯的Lima，再往Cusco走，途中挑選了山下一間青年旅社住了一晚，第二天再走約二十公里的印加之路，才終於抵達目的地馬丘比丘。

出發前一晚，晚飯後與嚮導閒聊，得知馬丘比丘意思是古老的山峰，遺址建於一四五〇年，那是印加帝國的最輝煌時候。一百年後整個地方被遺棄，西班牙侵略者後來也沒發現，一直到二十世紀初這個地方才比較多人認識。嚮導還說了幾個沒有廣為流傳的遺址，我聽得津津有味。

另一個震撼的印加古蹟「Sacsayhuaman」。

第二天一早從旅館出發，目標就是海拔兩千四百三十公尺的馬丘比丘。我們走的山路除了路過的一、兩個小的遺址和用午餐的涼亭，基本上都沒什麼樹蔭。那是五月底，還好南半球是秋天，我們才不至於中暑，但除了火熱的天氣，背包裡幾公升的水也增加了不少登山的難度。我們就這樣結結實實的走了五、六個小時，一路上除了見到幾條蜥蜴，就沒見到其他旅客或動物了。

突然間看到有一個像小平臺的地方上有幾隻羊駝，嚮導說見到這些羊駝就代表我們快到了，他示意我們往平臺的盡頭走就會看到馬丘比丘。為了增加那種震撼和驚喜，看地標前我總喜歡先閉上眼睛。就這樣瞇著眼只留一條小縫，看著地面我慢慢往前方平臺的邊緣移步。當睜開眼睛一看，那是從初中時腦海裡就曾浮現無數遍的景象，馬丘比丘整個遺址，真的就在我眼前的山谷下。錯落有序的空城屹立在群山之中，那真是美得讓人想哭！我花了二十分鐘在這裡拍照和發呆，然後才走進遺址。

裡面遊客不算多，建築都已經沒有屋頂了，地上的草卻像高爾夫球球場般平整。大草地中央還有一棵大樹。這景致讓我想起宮崎駿動畫中主角Pazu（巴魯）和Sheeta（希達）到了天空之城醒來時看到的那一幕。那兒有精湛的建築、先進的城市規劃、茂盛的植物，但卻空無一人。建在山頂與峭壁上的馬丘比丘也真是名副其實的天空之城。

可愛的羊駝宛如馬丘比丘的守護者。

在馬丘比丘漫步讓我感覺這裡一切都是美好的，我幾乎走遍所有能進去的地方和房間，如果這裡有留宿服務，我想我會願意在這裡住一晚，雖然晚上也可能會想起嚮導所說的駭人的祭祀儀式。

說到精湛的建築，到現在都沒有人知道印加人是如何把巨大的石頭切割並合併得天衣無縫的，也不確定馬丘比丘的建築材料是怎麼樣運到這峽谷裡。在Cusco有個小孩在一條長廊指著印加的建築說：「This is Incan.」又指著對面的西班牙人的建築說：「This is Incapable.」但曾經擁有先進科技的印加人後來還是被船堅炮利的西班牙人打敗了，只能說成王敗寇，歷史的事實總是令人唏噓。有一些民間的浪漫主義的傳說則說道，真正的印加人是外星訪客，他們突然從馬丘比丘消失是因為回去外太空了。

這個浪漫的版本，我在中學時代時深信不疑，那時甚至曾想過當考古學家。學校開放日，每一班級都要想個主題在自己的班上做個小展覽，我作為策展人，想了個「失去的文明」這比較另類的主題來展出印加、馬雅和埃及文化的內容，那就是開啟去這聖地夢想的開端。

你也有夢想中渴望想去的地方嗎？你想去的聖地也許是復活島、聖誕老人村、秋名山又或天空之鏡。也許這夢想藏在心中好久了，不如開始規劃吧，目的地不會太遠的。

自給自足的馬丘比丘，直至 1911 年才被發現。遺址中央的樹和草地，儼如動畫《天空之城》裡的畫面，也讓人幻想幾百年前在這裡的生活情況。

邂逅滿開的櫻花

The cherry blossom represents the fragility and the beauty of life. It's a reminder that life is almost overwhelmingly beautiful but that it is also tragically short.

– Homaro Cantu

家對面有一棵平常並不起眼的樹，但每年總有兩週左右整個樹冠都被染得純白。那兩週我就好像被她迷倒了一樣，那就是櫻花樹的魅力。一棵櫻花樹盛開時已那麼美，我想同時看到幾十甚或幾百棵盛開的櫻花樹，那該是多麼醉人的情景。

可能愈來愈多人覺得櫻花漂亮，愈來愈多國家和城市都開始栽種櫻花樹了，但想看到

美麗盛景，當然還是要去以櫻花為國花的日本。日本從北到南幾乎都種有櫻花樹，由於南北溫度不一樣，花開的時間也有先後，將賞櫻視為全民重要活動的日本人，每年都會準確地預測各地的花期，並把資訊放網站上供查詢。櫻花開的時間就那一兩週，如果不預先計劃好的話，其實很容易錯過的。但如果本來計劃去東京看，錯過花期的話可往北追趕櫻花開花的節奏。

但最美的邂逅有時是不用特意計劃的。前幾年在東京轉機剛好遇到櫻花盛開那幾天，正好可以一償多年想在日本看櫻花的心願。當地的朋友建議我到一個叫「千鳥之淵」的地方，於是我就在東京住了一晚。據說晚上千鳥之淵也有夜櫻觀賞活動，所以第一晚抵達後便立即乘地鐵去看看。可能是受日本動漫影響，想像中應該有很多遊人席地而坐載歌載舞的在櫻花樹下狂歡，結果到了才發現

那裡燈光微弱，遊客稀少。帶紫藍色的燈光照得櫻花有些失色，心情難免失望。

第二天一早收拾行李後，就連忙再到千鳥之淵，同樣的地方不同的時分，景象卻截然不同。那是一個平日的早上，沒想到本地賞花的人已擠滿街道。其中不乏上班族們借休息時間來賞櫻，當然也有不少像已退休的老人，而像我這樣的外地人似乎占少數。覺得自己去了個地道的地方，心裡也期盼著即將看到的美景。千鳥之淵在道路和皇宮的護城河植有八百多棵櫻花樹，我跟著人群，不一會到了櫻花道的開端，只見樹枝上的櫻花全開著，把樹枝都掩蓋，就像沾滿白雪一樣。道路兩邊的櫻花樹有三、四公尺高，開滿櫻花的樹枝向四周伸展，把下面的遊客包圍著，遊客的頭頂就是成千上萬的櫻花花海。那天的天空蔚藍，襯托著白色的櫻花，對比分外鮮明，陽光透過花朵，讓花瓣變得通

透，粉紅色的花蕾讓白色的櫻花顯得羞澀，讓人格外憐愛。這樣的美景就連本地人都戀戀不捨，我這遊客更難掩激動了。

沿著彷彿沒有盡頭的櫻花道，不經意到達一個碼頭。櫻花不只可在沿途走路欣賞，也可以划艇在河上繼續細細品味。我不管接下來趕飛機的痛苦，硬是排了二、三十分鐘的

千鳥之淵，遊客愜意地泛舟。

隊，然後泛舟在護城河中遊賞。兩邊的小坡有五層樓高，坡上種滿了櫻花樹，樹枝張開為遊客遮蔭。我笨拙地把小船划到河邊，河面上飄著花瓣，頭頂上開著櫻花，船慢慢飄過這宛如櫻花隧道的河面。那時真的不想離去，奈何航班時間已逼近，我只能不捨地離開。那天與櫻花的美好邂逅其實沒有特別的計畫，但卻遇到最美的花期，可以說是幸運和緣分，後來才知道我去的這個地方是東京最有名的賞櫻勝地之一。

櫻花雖不至於曇花一現，但看櫻花的機會可以說是稍縱即逝。美麗如斯也就轉眼消逝，就像「甜味人間」裡日本人總是喜歡用櫻花來代表生命的燦爛和短暫，也喜歡用櫻花來代表四季往返。回到家裡，看著窗外的櫻花樹已變得嫩綠，沒有櫻花綻放點綴，整片小樹林都變得有點憂鬱，使我不禁開始期盼下一次的櫻花花期。

造訪神奇動物
Our task must be to free ourselves... by widening our circle of compassion to embrace all living creatures and the whole of nature and its beauty.
- Albert Einstein

跳入水裡，只見寬一公尺的大口朝我游過來。儘管我知道牠不愛吃人，但牠怎麼樣也是一條鯊魚！

時間倒流幾年前，在日本沖繩的水族館第一次看到鯨鯊。那裡有一個約七、八層樓高的大魚缸，裡面有上百種的魚類，主角是三條世界最大的魚類「鯨鯊」。參觀那天我被牠們的龐大身軀、緩慢但優美的動作、美麗的斑點深深吸引。與其他鯊魚不一樣，鯨鯊從頭到尾有幾條帶有稜角的線條，讓牠碩大的身體再多加幾分剛強。成年的鯨鯊嘴巴張開後可以寬達兩公尺，但牠卻是溫馴的素食者。大水缸前遊人的高度不到鯨鯊身長的七、八分之一，我在這待了超過三十分鐘，一直看著這三隻優雅的水中巨人美妙的泳姿。那時我就有個想在海裡看鯨鯊的心願，之前曾聽到一些潛水高手以潛入海中看鯨鯊為個人的里程碑，當實際見到牠們後，我知道箇中原因了。

晨曦中吹著怡人微風，接下來希望能和鯨鯊相遇。

查了資料發現，每年鯨鯊群都會因氣候及食物定期遷移到固定的海域，而有一個不太困難抵達的地方，每年的六到九月都能看到鯨鯊的身影，那就是墨西哥的Cancun。而

且想與鯨鯊一起海中共游，不需要先成為潛水高手，你甚至不需要懂得潛水，聽起來已經是很吸引人的活動了。

墨西哥對亞洲人而言還不算是一個熱門的旅遊點，但是對整個南北美洲的人們來說，Cancun可算是度假勝地。如果你有機會到美國或加拿大不妨順道前往，在北美較大的城市每天都有多班客機直航到Cancun。和鯨鯊游泳是Cancun最廣泛宣傳的旅遊項目，因此不難在網上搜索到相關旅遊公司的資料。一般費用在一百五到兩百美金（約新臺幣五千至六千元），不算便宜，但是對於遇上鯨鯊這樣畢生難忘的經歷來說，還是很值得的。

為了參加活動，我在Cancun的Kukulcan大道上訂了酒店，這條大道是一條長十多公里的獨特公路，右邊是沿著加勒比海的美麗海灘、左邊是一個巨大的內陸湖，公路上各大酒店林立。活動當天早上六點我坐上專車到碼頭，旅遊公司的經理在那兒說了一個讓我有點擔憂的情況，他說前幾天參加這活動的人並沒順利看到鯨鯊，如果我們有疑慮的話現在可以免費退款。

可能心裡還有沖繩水族館的美好印象，我一直以為鯨鯊會集中在一個區域，遊客可以和牠們一起游泳。經過經理這樣一說，我才知道我們要去尋找鯨鯊，而且有可能會一無所獲。

雖然經理拋出這樣的方案，但在場的人全都想賭一把。緊接著經理再提醒我們說千萬不要碰到鯨鯊，因為人類會破壞牠們身上的保護層，牠們會漸漸地被細菌感染。之前曾看到照片有些在菲律賓的遊人騎著鯨鯊，這真是極度惡劣的行為！

講解過後，不久我們就登上一艘小的高速船，同行的還有其他八位來自美國的旅客。船飛馳了一小時，我們已經見不到海岸線，唯一看到的就是海鳥。後來海上出現一隻大海龜，這已經是讓我們最感到興奮的景象了。兩個小時過去，我們還是沒看到鯨鯊的蹤影，我心裡開始慌了，難道這次又像上次特意去阿拉斯加看極光一樣要無功而返？

沒多久，船長突然告訴我們早上一起出發的另一艘船在十幾海里外看到鯨鯊，但我們就算趕到、也不一定有時間給我們跳下去游泳。全船人員最後還是決定趕去碰碰運氣。當船快到目的地時，更多的小艇也從各方趕來，目的地附近已經有多艘船在守候鯨鯊的蹤影。

鯨鯊這季節在墨西哥是為了吃海面的浮游生物，所以我們這活動要盡量減少對牠們的滋擾，每次只能讓三、四個人同時下水。各艘船的船長要預測鯨鯊前行的方向，隨後就會叫已經分好組的遊客準備下水，由於鯨鯊的路徑難以預測，下水前的準備其實也是十分刺激的。

好不容易終於到我了，我緊張的坐在船邊，等著船長一聲令下就跳進水裡。我游泳技術不佳，但為了想在水中靈活些，我並沒有穿著救生衣，只是穿了蛙鞋及浮潛用的眼罩和氣管。我聽到船長對我大聲喊：「Go！」，我就撲通跳進海裡了！

下水後我剛好在鯨鯊的正上方，我極度驚恐的掙扎希望遠離牠，一方面我因鯨鯊龐大的身軀而畏懼，另外我也深怕觸碰到鯨鯊。幾番掙扎後我離開了牠，但牠卻已經快速游到遠處了。我浮上海面追尋跟我同時下水的嚮導的蹤影，他卻已經在離我十公尺外的地方，並示意我鯨鯊已經游到他那邊。鯨鯊的動作緩慢但是前進的速度卻奇快，我奮力往嚮導方向游去，卻只看到鯨鯊的尾巴隱約在我前面揮動，追趕過程中我還喝了幾口海水，可能是我第一次近距離看到鯨鯊心情太緊張了，還一度以為自己會溺水。

第二次再跳進海裡，已經不像第一次緊張，不到幾秒鯨鯊的側身就出現在我眼前，這次我拚命的跟著鯨鯊，牠就像一面會動的牆在我身旁，游動姿勢是S字型，有點像蛇蠕動的動作。我儼如和一條巨蟒游泳，但那是一條優美的巨蟒。這次我清楚看到鯨鯊身體上有力的線條和輪廓，以及其身上美麗的白色斑點。這次我的體力快要耗盡，才能勉強跟上鯨鯊的速度，直到在旁的嚮導示意停止我才停下，抬起頭浮出水面一看，原來我已經離開小艇很遠很遠了。還好我被另外一艘小艇暫時收留，稍休息片刻後居然有另外一條鯨鯊朝我們游來。我很幸運的能第三次下水，這次我從側面看到鯨鯊的頭部，這條是比前面那條還要大的成熟雌性鯨鯊。我被牠的碩大身軀震懾了，乾脆待在原地用幾秒的時間靜心看著牠在我的眼前優雅地游過。這是一次寧靜的邂逅和充滿敬畏的讚美。

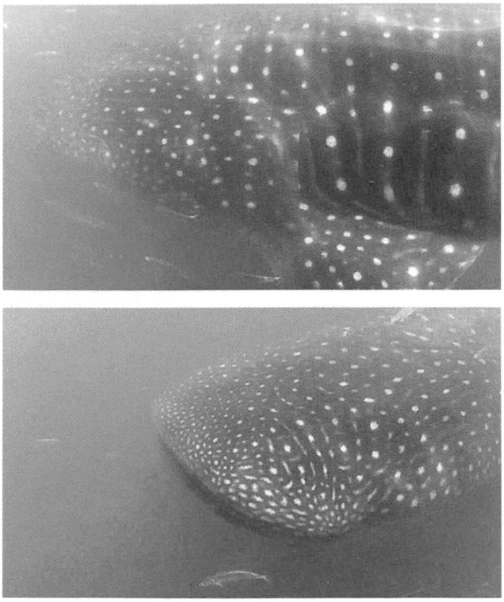

尋訪海底的優雅巨鯊。

回到我的小船後，同行的遊客們透過這次奇妙的經歷從陌生變得熟悉。我因游得太累，回途中竟滿足的睡著了。醒來後我們在海中享受了墨西哥風味的午餐還有當地的啤酒，愜意又滿足。

每個人心中或許都會有很喜歡的動物，你喜愛的物種會是巨龜、企鵝、蜂鳥、北極熊還是岩羊？何不計劃一下近距離接觸的體驗，也許不是為了拍照，而是純粹為了與牠們遇見那一刻的感動。突然想到曾看過的一部電影《The Secret Life of Walter Mitty》（臺譯：白日夢冒險王），劇中人Walter很不容易在喜馬拉雅山區找到他一直在尋找的攝影師Sean，Sean在那裡待了好幾天就是為了等待瀕臨絕種的雪豹。當雪豹好不容易出現了，Walter問Sean為什麼還不拍照，Sean說：「If I like the moment. I don't like the distraction of the camera. I just want to stay in it. Right there.」

親臨奇蹟——里約基督像

People don't really go to museums in Rio. I shouldn't say it's not sophisticated, but, you know, they go to the beach.

- Francisco Costa

我真的在巴西踢過球了！這也是童年時愛看的《足球小將》的主角大空翼的夢想！

小時候踢球，我和很多小朋友一樣都喜歡說自己是巴西隊，現在覺得挺好笑的，明明那時連巴西在哪裡也不知道，但對這個國家的好感確實是從小已有。巴西除了以足球聞名，還有里約熱內盧的嘉年華，還有世界七大奇蹟之一的Christo Redento救世基督像。里約剛好與亞洲分據在地球東西兩端，對很多亞洲人來說是絕對遙遠。不久前藉紐約之行，終於下定決心繞路飛去里約，光這樣直航也得花上近十小時。

那次，我刻意訂了位在世界著名海灘Copacabana旁的酒店。下了飛機往酒店的路上就看到了一條漫長而不斷延伸的海灘，沙灘加上背後的山巒構成了一個完美宜居城市的布局。半圓形的海灣，中間是海灘、左邊是糖麵包山、上面有纜車、右邊則是兩兄弟山、中間有基督像。如果嫌一個沙灘不夠，還有另一個聞名的海灘Ipanema，在這裡光看著這些風景發呆已心曠神怡，感覺這個城市生來就有讓人快樂的基因。

來巴西的前幾週，工作都特別忙，所以也顧不上提前安排行程。辦理入住後，第一個任務就是先熟悉飯店週邊環境，並找到一個能坐下來研究行程的地方。我找到飯店附近的一個露天茶座，隔著馬路就是連綿不絕的海灘，在那邊享受午後的愜意，邊從Trip Advisor查詢里約的景點。在里約這個悠閒樂土，這種隨興的行程安排最適合不過。

行程安排好後，剛好是傍晚時分，查了查日落時間，上糖麵包山後應該就能看到永遠不會讓人失望的日落美景。下山後到了里約最著名的Centro和Santa Teresa區之間的酒吧和餐廳街。找了間人氣最旺的餐廳，喝了兩杯酒，我也不再拘束、向坐在旁邊的顧客打聽當地的風土人情。

而後，我去了他們建議的一個有現場樂隊的酒吧，Samba和Salsa的節奏，再加上是

里約迷人的海灣，在這裡發呆一下午也不嫌多。

週五的緣故，讓本來已經夠快樂的當地人更加雀躍。他們在酒吧載歌載舞，就算我是獨自一人也看得津津有味。

第二天，趁遊客不太多的時候，坐了登山火車到這次行程最重要的景點「世界七大奇景之一的救世基督像」。這個巨型雕塑儼如一個巨人俯視整個海灣。耶穌像神情嚴肅，雙手橫跨二十八公尺，高度三十公尺，底座八公尺高，屹立在七百一十公尺陡峭的科科瓦多山上，在他腳下誰都頓時覺得卑微。

遊客還可以選擇坐直升機看耶穌像，飛到山頂繞著耶穌像，這比在山上看要震撼得多。直升機離耶穌像幾十公尺盤旋，以耶穌為圓心，沙灘、山巒、房屋變成背景在巨像後旋轉，加上在耶穌腳下螻蟻般的遊人，整個畫面就像大場景電影中的特技，耶穌神性的形象不言而喻。打趣的是，這次旅程我是

右下：貧民窟裡的快樂笑容。左上：沙灘上的足球小將。左下：三看基督像。

三看耶穌像，後來再玩滑翔傘時我被風吹得愈來愈高，居然再次看到巨像的身影。

當然里約看的不只耶穌像。里約除了海灘旁的富人，在不遠的地方還有巴西最大的貧民窟Rocinha。這裡也算是個旅遊點，甚至堪稱一個獨立小國家，雖然環境擁擠又惡劣，對比旁邊富人區顯得格格不入，但居民不用繳稅和電費，而且房租也低。這裡的人快樂指數也很高，世代住在這裡也覺得沒什麼問題。

說到快樂不得不聊聊在海灘上的里約人，離開里約那天從酒店房間看到海灘上踢球的孩子，當時離出發還有一點時間，想了一下我就往海灘直奔，問他們能不能讓我參與，那是我第一次在沙灘上踢球。赤著腳踢，每一腳踩下去腳都陷進沙裡快半尺，那是超費力的運動，感覺五分鐘的運動比起

隨興的歌手在酒吧裡唱歌，拉開週五晚上狂歡的帷幕。

在平地跑二十分鐘都要累。我的球友都是十多歲的巴西小傢伙，估計我一個人都快能抵他們兩、三個人的年齡。後來累了不能全場跑，我就只能一直站在球門門口當一個等球的前鋒，施展渾身解數，臉面頭髮全沾滿沙後，我居然還進了兩個球！忽然想起小時候自稱自己是巴西隊的趣事。

這次短暫的里約之旅從早到晚、從海灘玩到天空，可以說是多維度的體驗巴西和當地人的歡樂，也看到震撼的世界奇蹟，來這國家真的再遠也值得！如果時間允許還應該找機會去去里約的嘉年華。

旅程時可以在海灘休閒地放空幾週，也可以做一些與當地人互動的事情。旅遊的意義在於給自己和平常生活不一樣的另類記憶，這次能和當地人互動是最好不過的方式。

踏訪消失中的冰川

Future generations are not going to ask us what political party were you in. They are going to ask what did you do about it, when you knew the glaciers were melting.

- Martin Sheen

身在隨時會崩塌的冰洞，我心裡並無畏懼，反而被周圍的冰藍吸引到流連忘返，希望這些藍永遠存在。

但是現實卻讓人擔憂，這些冰洞所在的冰川正在消失。多年前沒當成美國總統的政治家Al Gore拍了一部關於氣候暖化的紀錄片。片裡呈現幾個冰川幾十年前和現在的對比照片，以前雪白綿延的壯闊冰川，現在大多融掉了，看完讓人無限唏噓。

冰川其實是個寶貝，全球大約百分之七十至七十五的淨水資源來自於冰川。冰川就像是水造的鑽石，雪花累積成雪，積雪越來越重，下面的雪最終被加壓變成冰，很多地方的冰川要數百年才形成。經過長期擠壓的冰川，裡面少了氣泡，所以水分子就像大海的水一樣把光譜裡除了藍色的光都吸收掉，讓我們看到迷人的藍光。但是珍貴的冰川自工業革命開始後就逐漸消失，我覺得應該往冰川去欣賞她的壯麗和警惕自己。

全世界約百分之十左右的非海洋面積是冰川，擁有最多冰川的當然是南極洲，但是去那裡並不是容易的事。通常去南極的人不少會從阿根廷出發，阿根廷也有一個滿出名叫Patagonia的地方，那裡就有龐大的冰川。但是從亞洲飛到阿根廷光行程就需要三、

冰島最大的冰川的開端，後面是近一萬平方公里的冰雪奇原。

懸崖般的冰川，隨時會崩塌，就像一隻迷人的藍色老虎，美麗又危險。

四十個小時，確實不容易，從那裡再去南極就更難了。北美的阿拉斯加也有冰川，但要在北極圈以北才能看到較大的冰川，不易前往。而在歐洲，阿爾卑斯山的冰川據說已經溶了不少，而且要登山才能走到冰川，難度比較高。另一個出名看冰川的地方是格陵蘭，那裡的冰川有沿著大海的，冰川崩塌到海裡會有隆隆巨響，視覺聽覺上都很震撼，當然這也意味著冰川又在減少。比格陵蘭容易前往的冰島，玩樂項目多，應該是看冰川的好選擇。這次有機會行走於冰島上的冰川，想不到還有意外發現。

冰島得天獨厚的地理環境，造就了旅遊業成為其最大的經濟支柱。上網搜索便會發現相當多的旅遊公司，最後找到一家小規模但對走冰川很有經驗的。我參加的是兩天團，第一天車子把我從首都Rekjavik的酒店接走後，就一直往東開到冰島最大的冰川Vatnajökull，那是一個有八個香港大的冰原。沿途經過熔岩洞、瀑布、荒漠、大海，這些景點大都規模龐大，讓人有身處外星的感覺。經過快七、八小時車程我們終於到了第一晚留宿的地方，主人是冰島人Jonas和他的瑞典太太Christina。她三年前去冰島旅遊，後來她不只愛上了冰島還愛上了Jonas，最後還移民到了冰島。

前一晚雖然因為Christina講了個就在我住的房間發生的鬼故事而徹夜難眠，但第二天我還是精神抖擻地跟大夥一起出發，前往旅程的主角——冰川。出發前Christina為我們每一個團友準備冰鞋和頭盔，我雖然穿了防滑的登山鞋，但還是要加上底部有幾個大鋸齒的冰鞋才可以在冰川上行走。那是一個十一月的早晨，天空已經亮了但太陽還沒有升起，Jonas親自驅車做領隊，我們遠遠就看到Vatnajökull，它像一張蓋住整個山脈的大棉被，車行開了快二十分鐘才真的到它跟前。那是冰川的一端，有十幾層樓高，冰川就這樣往後延綿近百公里。我們到達冰川的開端時剛好太陽也升起來了，本來黯淡的冰川被晨曦照耀，被積雪覆蓋的藍冰也被陽光喚醒了。因為冰島的天氣變化莫測，我們趁天晴立刻往冰川出發。

一行九人跟著Jonas往冰川的方向走，不到一會就近距離看到我一直很想看到的藍冰。那才是冰川的開端而已，但我們已經與

掌心中，晨光前的冰塊儼如通透的琉璃擺設。

奮到不想離開。冰川像城牆一樣，藍色、白色、黑色的有點像白老虎的虎紋，但還加了點海藍色的點綴，地上也有散落的大冰塊，有些甚至有幾個人那麼高。Jonas叫我們不要靠近冰川，因為它可能隨時掉下這些巨型冰塊。我在地上撿了一塊小的，裡面所有的氣泡早被擠壓出來，我把它舉起來讓陽光照耀裡面的結晶，冰塊宛如琉璃般晶瑩剔透。

Jonas示意必須往前走了，接著我們到了一個冰洞，冰川本身是一個不停移動的龐然巨物，它本身的蠕動就會改變自身的結構而形成一些冰洞甚至冰隧道。這個冰洞就是我所說的意外發現，往洞裡看去，裡面的藍光更有層次也更神秘。但Jonas說這個冰洞可能不太穩定，隨時有塌陷的可能，安全起見我們分成四組，每組進去逗留僅約一分鐘。進冰洞後發現還有一個天井一樣的洞口讓陽光透進來，陽光照射著深藍色的冰川壁，就像閃爍的藍寶石一樣美麗。我們想多逗留但是Jonas還是把我們趕出去了，後來才知道他曾經帶過一團因為冰洞崩塌，差點釀成死傷。

雖然很想再去別的冰洞看看，但畢竟走冰川才是這趟旅行主要的項目。來到冰川，我們立即找了個能坐下來的地方把隨身的釘鞋套在登山鞋上，Jonas建議我們學企鵝一樣外八字走路，以免一隻腳上的釘子刮傷另外一隻腳。他還教我們怎麼使用冰槌，身體滑摔時冰槌較鋒利的一邊向外，這樣它也有點煞車的作用。我們走的冰川有十五至二十度的傾斜度，就像走在一個巨型的傾斜的溜冰場，還好釘鞋發揮了巨大作用讓我們可以穩穩地在冰川上走動。

Jonas帶頭，我們一個跟著一個，確保走的是Jonas走過的路，否則走散了我們不小心踏空就會掉到下面的冰洞。大家亦步亦趨，但也不忘放目欣賞壯觀的景致。走了大概兩百米到了一個分岔口，Jonas叫我們把釘鞋脫下，他說要帶我們到另外一個冰洞。我興奮極了！大夥立即脫好釘鞋就跟著Jonas走過搭在激流上的小木板。小木板很滑，我們要靠之前架設好的登山繩做扶手，一路沿著登山繩，慢慢往下爬。岩石又滑又陡峭，我們小心翼翼一個一個跟在Jonas後

面。Jonas把往下行走的防滑竅門告訴在他後面的第一個團友，然後我們一個個往後口傳，就這樣順利到了一個下面是激流和岩石、上面是冰川的冰洞。

打開頭盔上的燈往裡面繼續走，心裡又緊張又興奮，冰洞愈往裡面走反而愈光亮，岩石也比較容易行走，我也終於有機會安心地細看頭頂的冰川。冰川泛著像青花瓷的水藍，愈往裡面走冰就愈透澈，藍色的深淺度

美得讓人窒息的冰洞，晶瑩剔透的冰塊泛著最美的藍光，冰冷的激流往迷離的方向消失。

就愈豐富多變。當不能再前進時，我們剛好停在一個有十公尺高可以看到天空的天井下，這是個冰造的井，從井口掉下來的是溶化的純水。我可不管會不會被澆濕，站在洞口下張開口，純水像微微細雨般在我頭上灑開來，這大概是我喝過最好喝的水了吧。回頭看激流的另一邊有一條像海豚的魚，被冰凍了不知道多少年，要知道冰川是個古老的東西，所以說不定這地方幾千年前是海洋呢！我們在冰洞流連忘返，我是整團人最後一個走的，在離開冰洞前我又回頭拍了張挺唯美的照片，後來一直用作電腦螢幕桌面。

就這樣我們走過冰川和冰洞，見證過這又漂亮又脆弱的東西。執筆時翻查資料找到世界上最古老的冰川是在南極的McMurdo Dry Valleys，那是要花上八百萬年才能形成的。想想如果我們繼續破壞環境，這個古老的冰川可能很快就會消失了。

尋訪驚訝

He who can no longer pause to wonder and stand rapt in awe, is as good as dead; his eyes are closed.

- Albert Einstein

倒塌杉樹的樹幹中央，宛如深不可測的黑洞。

數年前看到國家地理雜誌的封面，被震撼了。一個帶著爬山裝備的探險家站在一根粗壯的樹枝下。一開始以為是電腦特效，打開書頁後發現是一張橫跨三頁的拉頁，上面是一顆粗壯大樹的立面，仔細一看，發現樹上還站著數個人，小的像螞蟻一樣。他們爬的是一棵相當巨大的杉樹，當下的震撼無以言喻，但卻默默將看世界最大的樹做為心願，心想有一天一定要讓那種宏偉所征服。

近年剛好去了趟洛杉磯，終於有機會可以拜訪位於附近的杉木國家公園裡的巨樹林了。從洛杉磯開車去單程就要四個小時，必須計劃住宿一晚。公園裡面雖有酒店，但我選擇了在公園入口處附近的小鎮過了一夜，第二天一早再進公園看完巨木後，晚上我還要趕回洛杉磯市區。

早上十一點，我就進入了這偌大的國家公

園，我要尋找的目標是一棵名叫「General Sherman」的杉樹。杉樹對城市人來說並不陌生，然而加州的杉樹卻是世界各杉樹品種中最巨大的，所以儘管公園裡景點不少，我還是鎖定了杉樹林。從入口開車大概四十五分鐘，就會慢慢發現車的兩旁開始出現有巨大樹幹的樹林。往窗外探頭一看，忽然發現自己已經被巨人般的大樹包圍，樹頂高聳入雲，而我的車儼然如巨人國裡的小老鼠。

依著地圖終於到了著名的Tunnel Tree。記得在電影或雜誌中看過車子從樹幹挖出的隧道中經過的情景，我也興奮地開著車緩緩駛過感受一番。杉樹最大的死亡威脅是因為樹幹長得太高，容易有連根拔起而傾倒的危機。Tunnel Tree就是在這樣情形下形成的。據說杉樹不怕火燒，山火可以讓杉樹的種子發芽，也可以消滅和杉樹競爭的其他樹種，這樣說來，杉樹名副其實是能浴火重生的

樹。繼續前行，看到一棵倒下的杉樹，我停在他的樹根前拍照，也近距離看到他錯綜複雜的樹根，中間有一個通往樹幹中央的無底洞，讓人望而生畏。

沒多久，終於抵達了General Sherman。雖然他不是世界上最高或最寬的樹，但由於他的樹幹粗壯均勻，使之成為世界上體積最大的樹。全高為八十四公尺、重一千兩百五十六公噸，我的身高是一百七十八公分，如果這棵大樹縮放成我的身高，那麼等比計算後，我就只剩兩片指甲的高度了。

很慶幸終於如願以償與他見面！他的樹幹就像國家地理雜誌上看到的一樣，呈橙紅色，紋理清晰，儼如一個壯碩巨人的肌理。讓我感受到驚訝的不僅僅是他的體積，也在於他的生命力。難以想像他已經屹立在這裡超過二千二百年了，也就是說他比耶穌還要

早就誕生，而且現在還活著。懷著謙卑的心情在他足下待了十多分鐘，抬頭看著他延綿直達天頂的樹幹、高聳入雲的枝葉，像天空之城中央的那顆大樹一樣，讓人感到神聖不可侵犯。

返回洛杉磯的路上太陽已經快下山了，往公園出口方向會經過一個造型獨特，位居山脈頂部的巨大花崗岩Moro Rock，我決定順道登上四百多步的階梯到巨石頂部，看看是否能看到美麗日落，很幸運地我還趕得上。杉樹公園的群樹、岩石、河流被染得一片金黃。巨石上遊人稀少，大家也不想破壞此刻的寧靜，只是安安靜靜地欣賞斜陽下的光與影和通往太平洋的雲彩。

二〇一二年看到的雜誌介紹時，沒想到兩年後就可以親眼看到這位巨人。再細心想，

General Sherman 的巨大身影。

其實洛杉磯是個很熱門的探親、旅遊、出差或中轉的地方，如果沒有看到這本雜誌，我就算去LA也只會去最熱門的旅遊景點。我這次把短暫的停留留給了去杉樹公園的行程，卻一點都沒有因為不能去玩更多景點而感到可惜。大自然的巨作更引人入勝，而且往往就是一步之遙。

再遇薰衣草

Forgiveness is the smell that Lavender gives out when you tread on it.

- Mark Twain

童話般的無人小屋，四周栽種著醉人的薰衣草。

世間上最浪漫的邂逅都是未經安排發生的。那是多年前，我在雪梨開車迷路走到一個山頭。那兒有一間石頭砌成的淺藍色漂亮小屋，沒見到主人，只看見一隻小狗在噴泉喝水，小屋周圍還種滿了薰衣草。這個像童話故事般的畫面到現在腦海裡還清晰可見。

對薰衣草的鍾愛可能由此而起吧。記得第一次家裡裝修，掛在家的油畫就畫著迷人的紫色薰衣草田，後來才知道那幅畫是Jean Marc Janiaczyk畫的法國薰衣草的複製畫。很多很多年後終於有機會在薰衣草盛開的季節去了畫中的地方。

那是七月的普羅旺斯，溫度酷熱到三十六、七度，天氣特別晴朗。第一站去了塞南克修道院。這裡有八、九百年歷史，住著靠種薰衣草為生的僧侶。修道院在一個山谷裡，薰衣草幾乎占據了整個盆地。這兒美得隨便拍的照片都可以成為明信片，但我比較喜歡的還是錄影之下薰衣草隨風搖曳的動靜，那颯颯的聲音恍惚還在耳邊。接下來去的Valenso對我來說更是雙重喜悅，因為那裡除了薰衣草，還有我覺得可以讓人如花一樣開心的太陽花。

去Valenso的路上有很多的薰衣草田，我一看到漂亮的景致就停下車拍照。後來我進

Valenso 是一張紫色的畫布。

太陽花和薰衣草每年仲夏在普羅旺斯同期演出。

入一個莊園，和在澳洲那個小山一樣，也是沒有人的。我下車走到田裡，周圍只有風吹拂薰衣草的聲音，再仔細聽還有蜜蜂翅膀拍動的聲音，點綴的還有輕柔地舞動的蝴蝶。我把相機對著薰衣草上採蜜的蜜蜂和蝴蝶，背後的薰衣草虛化成動人的紫色背景。七月的普羅旺斯是一個充滿生機的園地，也是最美的印象派油畫。

到了Valenso看到的不只是大片的紫色還有大片的橙黃色。在當地薰衣草和太陽花都有很高的商業價值，而且都是適合種在炎熱的地方，所以不難理解花農一起種植這兩種植物的原因。對遊人來說，能一次見到這兩色的田園才是最大的價值。可惜的是，在旅人蜂擁而至觀看薰衣草盛開之時，也是花農最佳的收割時機。薰衣草的紫和太陽花的黃就像蒂芙尼的淺藍色一樣具標誌性。這裡的美麗和農民的辛勤也讓梵谷留居在這裡，創

作了許多動人作品。如果多年前沒有迷路，我可能就不會那麼喜歡薰衣草，也不會過了那麼多年還念念不忘地去追尋。美麗的事物其實就在我們周圍不經意的出現，只要不要忘懷，我覺得再遇上的機會總會有的。

震撼心靈之地

There are times to stay put, and what you want will come to you, and there are times to go out into the world and find such a thing for yourself.

- Lemony Snicket

那應該是快十年前的一則新聞。不是什麼世界大事，而是一則副刊類型的花絮，但編輯記者的描述卻完全抓住我的注意力。新聞中沒有影片，而是一張照片，只見一個潛水員伸開雙手，手的一邊在歐亞板塊，另外一邊在美洲板塊。潛水員置身在一個海底的峽谷，水質無比清澈，潛水員背後是連綿不斷的深淵。整個構圖和氣氛充滿了神聖的絕美。我那時也想置身此奇景中，但又覺得這種地方應該是在地球某個深不可測的斷層，要去應該是不可能的吧。然而，事實並不完全如此。

這世上獨一無二的地方，雖不是遙不可及，但也算是千里迢迢，那是在冰島首都Reykjavik附近、Thingvellir國家公園裡的Silfra。Silfra的水溫全年都差不多在攝氏二至四度，所以一定要穿保暖性較高的乾性潛水衣才可以下水。如果想藉著到冰島的機會

忍者般的隊員，準備挑戰低溫水域。

看極光和冰川，就要在冬季前往，但在冬日裡低溫潛水絕對是自虐的一件事，而且低溫潛水還會增加抽筋的機率。查資料時，我才知道原來這裡曾經發生過多起致命意外。突破種種艱難，為的就是要親眼看到新聞中的奇景，雖然有點瘋狂，但還是很值得的。

好不容易終於到達這個嚮往已久的地方。潛水那天，當地的潛水公司專車到我airbnb住處接我，然後陸續接了其他團友。這些人都是男的，而且大部分都是一個人，雖不知他們是不是都單身，但我猜這自虐的活動應比較難說服另一半同行。到了Silfra，首先要換上潛水衣，當天氣候多雲，格外陰冷。我們要在一個沒有暖氣的流動更衣室裡換上緊身潛水衣，又冷又濕的物料貼在皮膚真是難受極了。之後，我們背著幾十公斤的氧氣筒和鉛帶走到下水的地方，聽過領隊簡單的介紹後，就一個個進入水裡。

這裡的水是從冰島的冰川而來，經過火山石，需要三十至一百年才能流到這裡。漫長的過濾讓這裡有著世界上最清澈的水源，在這裡潛水可以一邊潛、一邊喝水，那是在全球任何頂級潛水區都沒法做的事情。Silfra潛水區的排名比大堡礁還要靠前，但這裡相較生命茂盛的大堡礁卻完全不同，因為這裡連一條魚也沒有。幾乎沒有雜質的水，在陽光充足時，潛水員的影子會打在河床，看上去就像潛水員在峽谷裡飛翔。

乾式潛水衣在身體和水之間形成空氣保溫層，但是我還是感覺到寒冷的水溫直刺心臟。戴上氧氣管前，我喝了一口這裡的水，那真是比任何高價的礦泉水都要清純好喝。領隊最後檢查我們是否都準備好，然後就示意我們下沉。水底是一個異常寧靜的世界，Silfra大部分區域就像一條狹窄的通道，左邊是亞歐板塊，右邊是北美洲板塊。下水後我左顧右盼，清澈的水和石頭泛著藍色、綠色和黃色。水裡能見度很高，遠處呈現深藍色，神秘的顏色讓人心醉，卻又令人覺得寒冷。那天一起下水的團友大部分是潛水高手，他們都是慕名而來的，我潛水經驗尚淺，奮力控制潛水的深度，不讓自己下沉和浮起的同時，也盡量把握機會多看看周圍的美景。

下潛前作最後檢查，此時也可以親自品嘗世上最清澈純正的潛水水域。

不一會兒就到了潛水路段中最讓人驚嘆的Cathedral。那是一條長廊，長約一百公尺，最深處約離水面八十四公尺，水的能見度高，所以從起點就可以看到百尺外的盡頭。像大教堂的走廊般，兩邊的水底峭壁猶如教堂裡的石像，我們就像長征回來的英勇武士般在這莊嚴的通道前進。這裡也是當初我看到第一張Silfra的照片的拍攝地。這裡實在美得讓人感動，潛水技術高的，可以潛到更深的地方感受更神秘的水域，抬頭時看到的是層次更豐富的峽谷。

之後我們經過一個水流特別急的地方，必須快速前行，否則會被水流帶到Silfra外的一個湖泊裡。還好我們都順利通過，並到了較淺的區域上岸。我們用了二十分鐘游完Silfra，也終於圓夢，到訪這個一直扣我心弦的奇蹟之地。原以為這樣就結束了，但導遊問我們要不要再游一次，我那時又冷又

狹長的 Cathedral，一邊是歐亞板塊、另一邊是美洲板塊。清澈的水質中，潛水員就像在水中飛翔。

餓，但還是和其他人一樣積極響應。我們又再自虐一次，再次進入了這個讓人徹寒的壯麗水底峽谷。這次我潛得更自如，也有更多心思暢遊這裡。第二次潛水結束後，在停車場等著我們的除了是回程的車，還有溫暖的熱巧克力飲料，在自虐過後，那是一種最樸實的禮物，嘗一口後，渾身就充滿暖意和成就感。

到冰島潛水不一定是每個人都想做的事情，也許在螢幕前或雜誌上打動你的是坦尚尼亞的水底酒店、大峽谷夜晚的銀河或是加拉巴哥群島上的物種。能扣動你心弦的地方和你有緣的話，便會透過某些不經意的機會呼喚你。要遇見她可能要付出，但這不代表沒有可能。

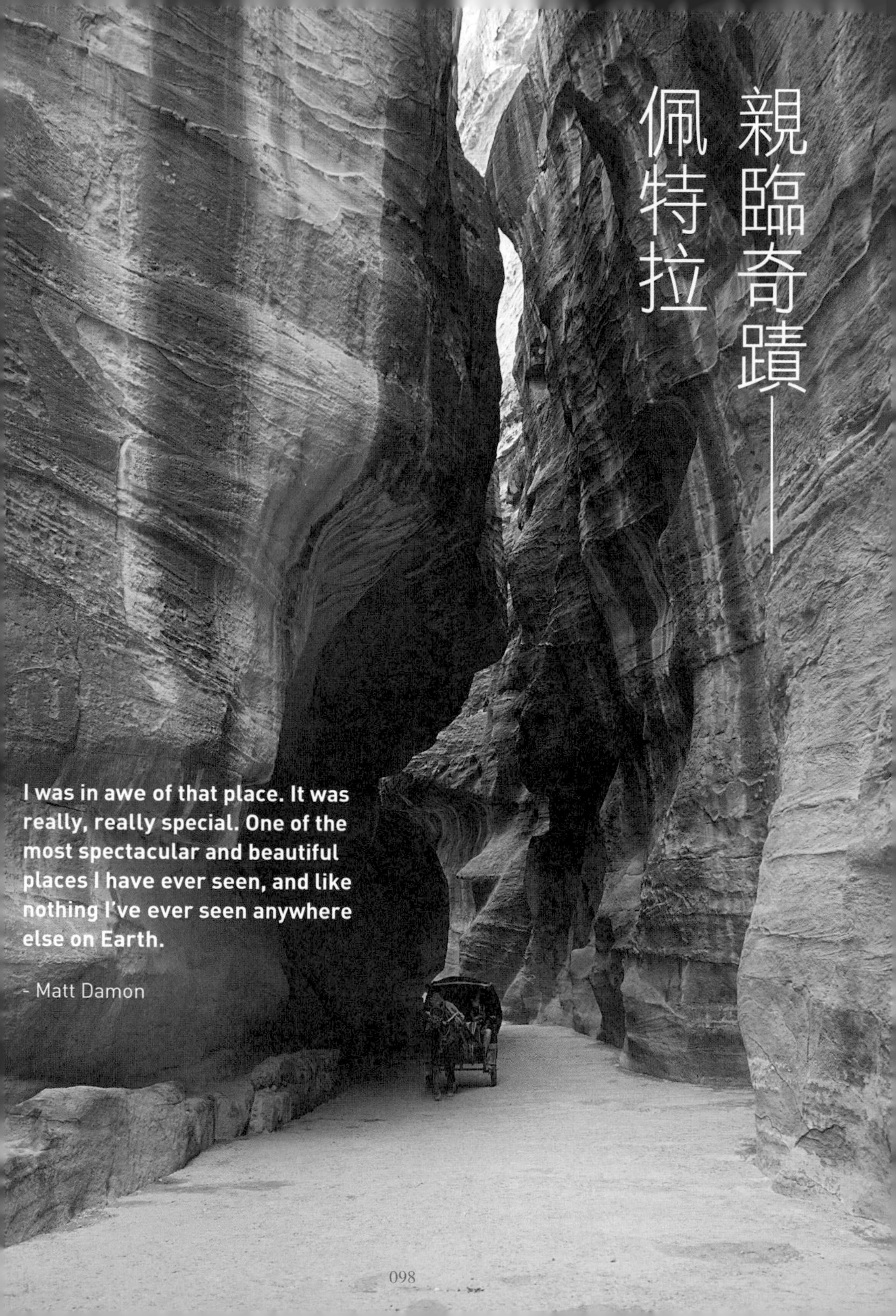

親臨奇蹟——佩特拉

I was in awe of that place. It was really, really special. One of the most spectacular and beautiful places I have ever seen, and like nothing I've ever seen anywhere else on Earth.

- Matt Damon

約旦的Petra（佩特拉）是個讓人很有戲劇場景感受的地方。第一次看到此景象是在《Indiana Jones》這部電影裡，Harrison Ford和Sean Connery發現了Petra裡最著名的Treasury（神殿，俗稱寶庫），兩人的表情充滿了敬畏。在最後的場景，Treasury內部崩塌，耶穌最後晚餐用過的聖杯被永久埋藏在裡面。場面的震撼讓我覺得是搭出來的布景，後來才知道世間上真有那麼神秘的地方，而且還是世界七大奇蹟之一。

上：友善的兌換店人員就像約旦的親善大使。
下：一坪大的簡陋民宿。

約旦對亞洲甚至歐洲人來說，都是個較陌生的國度，而且也不容易前往，香港、臺北、上海都沒有直航約旦首都安曼的班機。有一年我到德國辦事，之後有幾天空暇時間，發現法蘭克福原來有直航安曼。接下來我在網上找到一位導遊，我的時間緊迫，只能停留兩晚，而且第一晚是將近午夜才到。這次真的是說走就走！

下飛機後的貨幣兌換店員工是我第一次接觸的約旦人。他們是我去過全世界那麼多兌換店最友善的從業人員，所以忍不住和他們拍了張團體照。接著順利地找到約好的嚮導，他帶著我連夜開車到Petra鄰近的小鎮。我們半夜兩點多才到，第二天一早就出發，

日出照耀著 Treasury 上美麗絕倫的雕刻。

反正也睡不了幾個小時，我們就找了個超簡樸的民宿住下。第二天一早前往這世上其中一個最神秘但又最具標誌性的名勝Petra。要到Petra的Treasury必須要經過一條長長的天然通道。我選擇走路而非馬車來通過這條像被風雨侵蝕的沙石走廊。走廊迂迴，晨曦的陽光打在兩邊土黃色的峭壁上，讓峭壁層次分明。

那天很早，所以沿路並沒有什麼人，偶爾有馬車在走廊裡疾馳，看上去的畫面和馬蹄聲，讓人彷彿有置身電影中的感覺。在連綿曲折的走廊遊逛的新鮮感，讓我完全忘了前一晚上只睡了四小時。走了半小時後，走廊突然變得狹窄，然後峭壁之間突然露出Treasury的局部，太陽光剛好打在Treasury上，使其發出閃亮的光芒，接著走廊的牆壁悄然變暗。整個行進過程名副其實是約旦版的柳暗花明又一村，由於眼前畫面實在太美、太震撼，同時感覺心願將快要達成，心裡興奮萬分，不禁有點熱淚盈眶。

我一步步往前走，兩側峭壁間的距離愈來愈大。走到盡頭，我看到一個完整的Treasury，此時發現我是唯一的遊客。唯一!?這可是世界七大奇景之一，簡直太幸運

上：Petra 裡別的古蹟。
下：依山雕刻的墓穴 Ad Deir。

了，唯一和我同在這空間的是幾隻駱駝和幾位保安。周圍異常寧靜，我彷彿和這個充滿靈性的奇蹟單獨對話一般。以地標來說，Treasury可以說是我看過體積最小的，但其震撼度卻是驚人的，要把堅硬的岩石雕空一個碩大的中廳，並在外面雕出近乎完美的外牆和屋頂，精細程度讓人歎為觀止，整個雕刻儼如山中的海市蜃樓般不真實。這個兩千年前的華麗墓穴，後來變成沙漠大盜藏寶之地，直到最近成為無數電影大片取景的地方，這裡的靈氣和神秘由此可見一斑。

之後遊覽了Petra整個古城區域，這裡就像隱藏在沙漠的一個城市。接著導遊把我送到這次旅程的唯二景點之一——Wadi Rum沙漠區域。這裡是個充滿了紅土的異域，幾乎垂直的高山是攀岩人士的樂土，沙漠和巨大峭壁構成一個個有如外星異域的場景，是地球上難以看到的特殊景色，據說這裡在大

銀幕上的出鏡率比漂亮的Treasury還要高，如《普羅米修斯》、《絕地救援》、《星球大戰》、《變形金剛》都曾在此取景。導遊開著他的四輪傳動車帶著我在沙漠中任意闖蕩，後來我們在一個小山丘上歇息。那時剛好遇到日落，清澈無雲的天空，可見太陽完整地沉落到崎嶇嶙峋的地平線下。我也第一次用縮時拍日落，把三十分鐘的壯麗過程濃縮成幾十秒。

晚上住宿在沙漠的帳篷，是最近新興的體驗。營地有淋浴和衛生間，只見數個獨立帳篷搭在堅固的木臺上，木臺下面就是沙漠。晚飯後，我和導遊在沙漠裡生了個營火，他吸著水煙，我也跟著嘗了兩口，兩人在營火前取暖，好不浪漫的氣氛！當晚漫天星宿，如果不是天氣寒冷，在沙漠星光下露宿一晚應該會很棒。旅遊前聽到的約旦都和戰亂有關，但實際去了，才發現這裡不單有聞名的古蹟，還有壯闊的自然景觀，而且這裡的人都非常友善。可惜第二天我又馬不停蹄地趕到幾百公里外的機場坐飛機回德國，只能與約旦這個國家短暫交會。這次旅程時間由於太緊迫，所以來不及去死海游泳。在回程的高速公路上，遠觀欣賞沿途這個奇異的湖泊，也許將來能在對岸的以色列重遊。

外星般的Wadi Rum，是《絕地救援》的最佳取景地點。

Treasury 前的唯一遊客。

神秘之光

**When I look at the northern lights ...
I see our ancestors dancing around a sacred fire, lighting the way for us when it's time for us to cross over from this physical world and join them.**

- Molly Larkin

有一個男人特意約了女朋友，從法國來到冰島，表面是為了追尋神秘莫測的北極光，但最終目的是在極光之下向女朋友求婚，不知道他是否會成功。

極光確實能塑造這樣的浪漫。極光漂亮、千變萬化，雖無聲卻能震撼人心。看極光的路途艱難，很容易成為畢生難忘的經歷。執筆時剛好是冬季，常發現不少雜誌及戶外廣告都以絢麗的極光作為主題。可能極光對大部分人來說是極難看到的奇觀，因此也被稱為幸福之光，商家都熱愛以極光表達盼望、期待的主題。

極光主要是太陽風、磁場以及空氣裡的電子和原子作用下產生。簡單來說，看極光要有幾個必要條件。適當的地點是首要的（要靠近北極和南極，磁場方向與地球表面差不多成直角的地方，比較熱門的地點有阿拉

斯加的Fairbanks、加拿大的Yellowknife及冰島）；其次就是要有黑暗而晴朗的天空（多雲、下雨、光害大、滿月前後的天空都不適宜）；最後則是太陽風的能量要高。關於最後一點，有不少手機應用程式與相關監測站連結，可以挺準確地預測未來一、兩天在什麼地方可能看到極光。但能否看到極光的變數太多了，就算天氣及太陽風能量都不錯，也可能要去適合的地點等著好幾小時才能碰上變幻莫測的極光。如果已經前往適合的地點，不妨多待幾天，讓自己有更多機會看到，否則就有可能會遇到我那一次的教訓。

幾年前，我第一次嘗試看極光，趁到美國出差後的休假，再飛到阿拉斯加，希望能在Fairbanks看北極光。那是靠近聖誕的時候，同事們知道我要去阿拉斯加都覺得我瘋了。那時芝加哥的氣溫已經零下十度，美國人都忙著準備過節，不少人還準備要去暖和的地

方避寒。阿拉斯加是美國最北的州，人口最多的Anchorage十二月的平均溫度是零下二十五度，而我要去的Fairbanks，十二月的平均溫度還要再低十五度。

從芝加哥飛往Anchorage要六、七個小時，Fairbanks位在北邊，下機後再開車過去要再花六、七個小時，算算這趟旅程也夠折騰的了。

去之前，我不停地看手機上Fairbanks的天氣預報，預報顯示天氣連續幾天都多雲，這個對看極光當然是壞事，因為極光比雲層要高得多。再查看北極光的預報，預測狀況也不怎麼好，能看到北極光的機會就算在Fairbanks也只有百分之五十，所以這次毅然繼續前往很有可能無功而返。我去的幾天正好是冬至前，是全年日照最短的那幾天，如果看不到極光，真不知道能有

首遇北極光。

什麼活動好做了。

那次我找了一個在當地讀書的朋友同行，因為要他幫忙開車，所以只好按照他的時間，只能在Fairbanks停留一天。當我們到達看極光的景點Gina Hot Spring時，已經是晚上八、九點，問了當地餐廳的老闆，他說當晚可能晚點有機會看到極光，這稍稍減輕我的憂慮。

吃完飯、泡完露天溫泉，我們就在專門等待極光的玻璃屋待著。我還是經驗不足，竟然挑了滿月的時候去，那天又是多雲，極光的預測也顯示機率低，而且我只有在那裡待一晚，真的是能遇到的問題都遇到、能犯的錯誤也犯了。但我們還是堅持等了四個小時，陪我一起等的朋友其實已經看過很多次極光，能陪我等到半夜三點也是仁至義盡了。等待中我們遇到兩個歐洲遊客，他們前一天也在那裡，並且看到極光了……我聽完當然就更鬱悶了。離開Gina Hot Spring，回到Fairbanks市區，我還是不停地看著天空，就連在離開Anchorage的飛機裡，我還盼望著會不會在天空中遇到奇蹟。那年聖誕沒有特別的禮物，往後的一、兩個月，每次想到這件事我還是會小憂鬱。

兩年過去，老想再去緯度高的地方再碰碰看極光的運氣。終於趁在歐洲時，休了幾天假去了趟冰島，算是又有一次能看到極光的好機會。

記取上次阿拉斯加的教訓，我這次計劃在冰島多待幾天，以增加看到極光的機會。但冰島的天氣也是變幻莫測的，天晴、下雨、再天晴，可以是兩、三分鐘內的事情，所以天氣預測也只能較準確地預報將來一兩天大致的天氣。要看到極光，行程最好要能靈活些才行。首段提到的法國人，就是這次在冰島遇見的。聊天得知，求婚前他做了不少準備，首先他下載了一個叫Aurora Iceland的App，這個App能準確地預測整個冰島在未來兩天哪個城市最有可能看到極光，配合將來一、兩天的天氣預測，他就開著車前往

北極光在身後如垂柳般擺動。

最可能看到極光的地方。經過幾天的功夫，他終於找到較有機會看到極光的地點，最後也如願以償在全世界最浪漫的氣氛下成功求婚！這大概是我聽過最浪漫的求婚了。

我因為還有別的行程，而且又沒有租車，所以就參加當地專門看極光的團。很幸運地，我找到一個很專業的，去冰島的第一天晚上我就參加了。晚上八點多出發，那天下午五、六點天色還不錯，但到了八點後，烏雲就快把整個冰島籠罩了，我們的車開到離首都Reykjavik近兩小時車程外的地方。極有經驗的導遊停下車，就在烏黑的天空中，我看到遠方接近地平線的雲層中，有點極光的蠕動，這是我看到第一絲的極光。雖然極光是在幾十公里以外的地方發生，我也是滿興奮的，馬上掏出相機把快門調慢、ISO值調高，然後發現肉眼看到的漆黑天空，拍出來居然是被極光渲染

的碧綠。我當晚最大的收穫似乎並不是看到那短暫而渺小的極光，而是拍到那綠色極光的天空。還好小時候使用過手動單眼相機，幾個拿著大單眼的團友好像只會用自動模式，那當然是拍不出極光了。但是第一天晚上還真談不上有多雀躍。

我只能盼望接下來幾天能看到更迷人的極光景觀。等了等，已經是四天之後，我離開冰島前的最後一個晚上，我再有機會參加那個極光團。那天Aurora Iceland App顯示在首都就能看到不錯的極光，而且當天天氣也不錯。我們的車開了不久就來到一個小山的山頂，下車時我們已經看到頭頂的正上方有依稀的極光，不能說特別強，但是已經讓全車的遊客激動萬分了。導遊告訴我們，極光還在醞釀，我不知不覺地愈走愈遠，離開了其他團友。在漆黑中，我看到頭上極光的亮度愈來愈亮了，我的心情也愈來愈激動。極光每一刻都在變動。一瞬間，感覺那像一條正在流動，劃破天空，且泛著神秘綠光而沒有盡頭的河流。再過一會兒，極光的扭動又像一位美女把髮夾鬆開時緩緩垂下的長髮。下一刻又像被微風吹動的窗簾，隨風而擺。

我拿起相機拍攝，因沒有腳架，所以只能摒住呼吸，盡量把曝光時間拉長。拍完極光後，我還是想讓自己也能在照片裡。我想了個辦法，讓另外一個團友，用手機的燈照著我，另外一個團友再拿著我調好數據的相機拍我，這種土法煉鋼的方式真把我和極光都拍下來了。其他團友看到都紛紛問我是怎麼拍的，我看著頭上的極光更亮了，而且就在我們眼前舞動。為了省點時間多看看天空的美景，我直接當起攝影師幫大家拍，大夥就像小孩一樣興奮地輪流做起模特兒、燈光師和攝影師。

我們那天還是很幸運的，天空滿晴朗的，而且太陽風的能量應該算滿高的，所以極光比較亮，也能看到她的舞動。這次我們觀賞的地方差不多就在極光的正下方，這和我前幾天看到在幾十公里外接近水平線的極光截然不同，震撼程度是幾何級數的差別。

儘管沒有完善的設備，我還是勉強把極光的變化錄了一段兩、三分鐘的影片，雖然拍得不太清晰，我後來還是看了很多很多遍。影片裡團友打趣地用悄悄話問我是不是在錄影，我回答是，而且還說了我有想哭的衝動，他們聽到就說：「Let it out！」。我想哭也許是因為期盼多年，我終於看到一直幻想著的美景，但更大的原因是，我在彼時彼刻真的覺得周圍的時間停止了，造物主在向我揮手一樣。那時我覺得寧靜、臣服、感動、幸福！

Chapter 3 人文盛事

HUMANITY

辭海裡寫道，人文指人類社會的各種文化現象。人文，廣義可以是文化，狹義則是哲學。人文可以包括文化、藝術、美學等範疇。

追求快樂，除了自己身體力行，還可以作為一位參與者、體驗者或旁觀者。我們來到世上，其中一個使命也許是體驗多樣的文化。

這些文化的參與，可能是看一幅藝術作品，或參與世界級賽事，又或者尋找一些一直打動你的事物。體驗這些活動雖然可能是被動的，但是因為它們的文化價值，即使是被動的參與，也能讓參與者有刻骨銘心的體驗，從而增加快樂和幸福。

由於人文領域很廣，而且對一個人有意義的事情，對另一人可能無關痛癢，所以我只寫了幾個我個人覺得特別有趣的體驗。標題並非是事情本身，而是這些事情打動我的原因，希望能從不同角度，讓讀者找到自己有興趣的人文事物。

令人哽咽的表演

It's easy listening to a record, but a live performance is so personal and real.

- Gin Wigmore

藝術家是值得尊敬的人群，不停地重複練習就是為了讓表現更完美。雖然練習是乏味的，但是充分的練習後，能在表演中有忘我的表現，這對藝術家來說，是一種無價的回報，很多人覺得這是種高層次的快樂，而且這種忘我的表演也是最能打動觀眾的。

我一直對鼓的節拍和低沈著迷。很久之前，在那個租CD回家聽的年代，我看到一張叫「鬼太鼓座」的CD，因為被這名字所吸引，就租回家聽。那時還在讀中學，趁父母沒回家前，我把家中音響的低音開到最大，音量開到鄰居還不會投訴的分貝。那從太鼓發出的低音懾人心魄，每敲打一下彷彿會搔到心臟，這個十幾歲的小伙子就被這種陌生的藝術打動，一直到現在。

鬼太鼓座是一群在日本熱愛太鼓，以及其他傳統日本樂器的演奏者所組成。他們過著

左：鮮明的背部肌肉和大太鼓是鬼太鼓座的代表。
右：名曲「打つ八丈」的樂譜，簡單卻震撼。

半隱居的生活，不僅對音樂藝術熱愛，他們也對自己的體魄有嚴格的追求，因為打太鼓絕對是一個體力活。我一直想聽聽這群人的現場表演，自九九年錯過了他們在香港的演出，斷斷續續地追蹤了他們的表演行程訊息十多年。追蹤多年是因為鬼太鼓座愈來愈少公開表演，直到幾年前，他們在一個我從沒聽過的日本小城市表演，我才有機會去聽，那是個叫吹田市的小市鎮，我找了一位日本朋友幫我買票，這位日本人不知道誰是鬼太鼓座，但卻被我拉去一起聽了。那一場演出是在週日的一個下午，我因為太期待所以一早就到了。

我們的座位幾乎是最前排的位置，進場時臺上已經放了一個直徑兩公尺多的大太鼓，還有其他小一點的太鼓，舞臺儼如陳列著藝術品。沒多久，主鼓手出場，他就是從我中學時期開始認識鬼太鼓座時，就領導整個團隊的鼓手。他赤裸上身，雖然不算是大塊頭，但肌肉結實，下身僅圍著一塊當布，頭上則紮著一塊頭巾。

他們打的幾首曲目就像CD原音重播一樣，應該說比CD還要好，我和鼓音之間再沒有機器的傳導引起的失真。過了一會兒終於聽到我最喜愛的曲目「大太鼓」，前半段是大太鼓以每一、兩秒敲擊的速度慢奏，那種超長低音把我整個身體都包圍，甚至滲

透到體內每一個細胞。曲子下半部開始有快版節拍，音樂感更為強烈，我的毛孔張開、淚腺也鬆開了，我就像是被整場表演吸進去了一般。

此時熱淚盈眶，除了是被熱愛的音樂所感動之外，也可能是因為自己十多年苦苦追尋的事情終於實現了。聽完整首曲子，我的手緊握座位的扶手，身體微熱冒汗，心情久久不能平復。後來我看身旁的朋友，本來想說他會不會覺得沈悶甚至睡著，我看他神色沉重，就問他「大丈夫？」（翻譯：還好嗎？）他轉過頭來說，很感謝我帶他來，說得特別真誠。

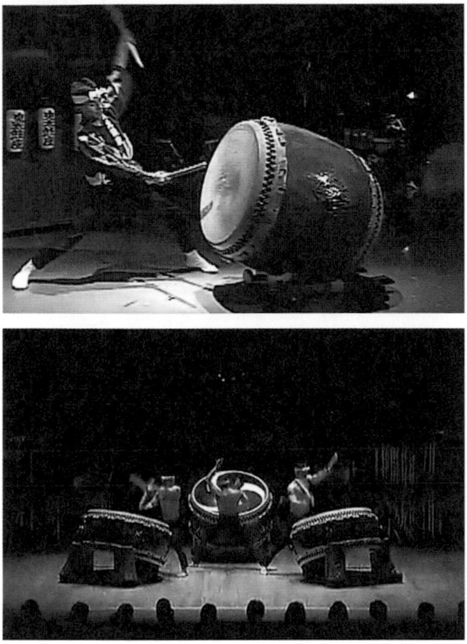

扣人心弦的超長低音，每一下都直達心臟。

最後一首歌曲是在一九六三年第一首登上美國Billboard冠軍的亞洲歌曲Sukiyaki。他們吹著笛子並拿著小巧的敲擊樂器，從臺上表演到臺下，一邊把觀眾送出場。

現在執筆時有點後悔沒有向主鼓手索取簽名，不過再想，其實我和他們也不一定要有什麼接觸。維繫著我和他們的就是音樂，這是永恆不變的。不管我與他們在真實生活中是什麼樣的人、什麼國籍，都會與他們因藝術而永遠關聯著。這也許就是藝術的魔力，不用語言和接觸，卻能完全打動一個人。

難忘盛宴

I find it an absolute pleasure to read travel guides, especially the Michelin guides, and their description of places I know I'll probably never visit.

- Michel Houellebecq

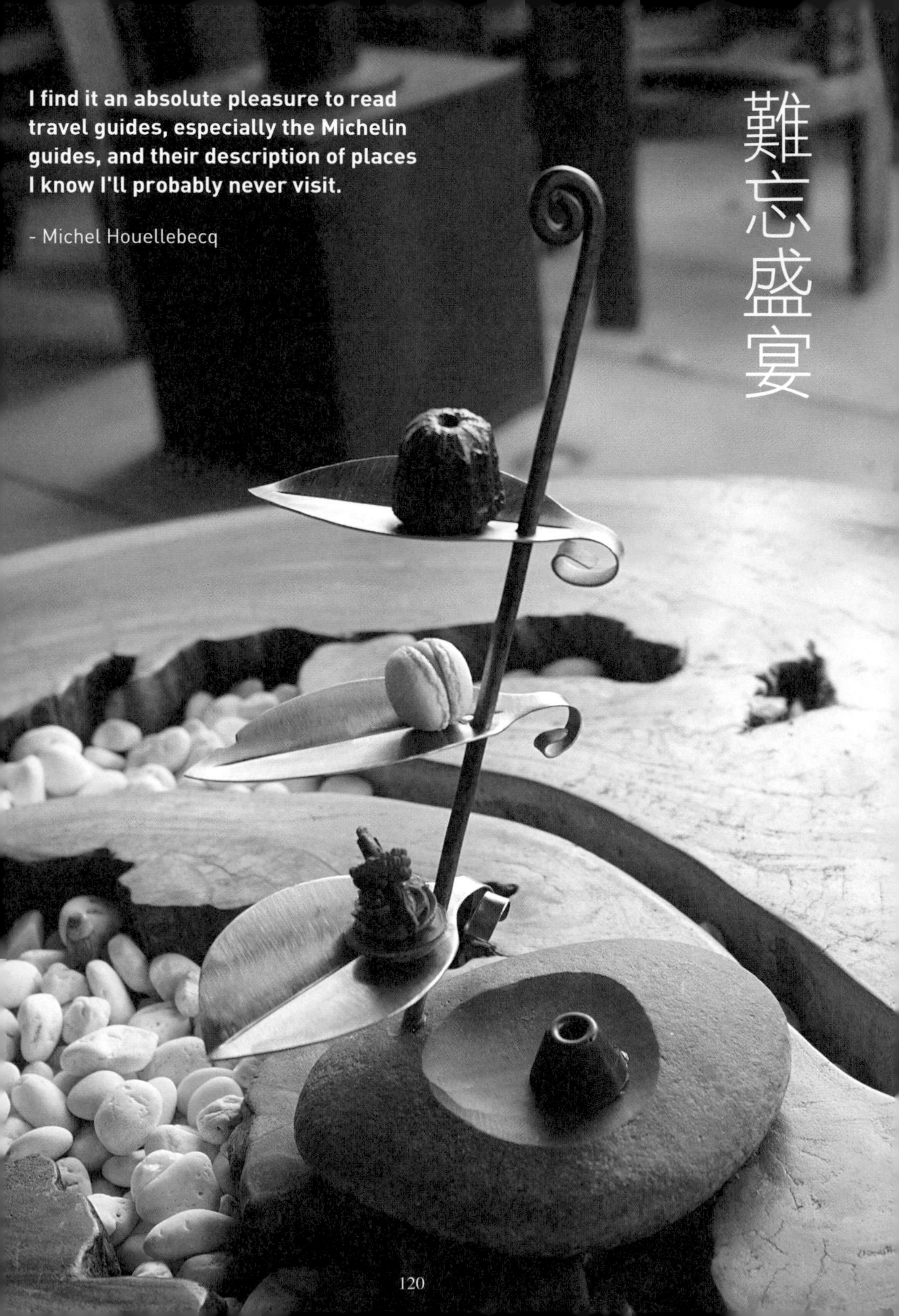

現役米其林三星廚師全球才一百多人，我不敢相信其中一位居然盛情邀請我免費在他的餐廳吃飯！

米其林是全球最受重視的餐廳指南。一個輪胎公司一百多年前創建這個指南，是一個天才般的市場推廣活動，其初衷是讓人們開車尋找這些優秀的餐廳，多開車就會多用輪胎。其評選標準是，一星是值得去的餐廳；二星是值得繞道而去的餐廳；三星是值得以規劃專門旅程光顧的餐廳。維基百科上就有詳細的三星餐廳名單，執筆時，全世界的三星餐廳只有一百一十七家。因為米其林出自法國，若能去法國二十五家三星餐廳的其中一家，我想會是一件特別有意思的事。

以三星餐廳來說，這應算是樸實的內外裝修。讓人記憶最深刻的是食物本身。

可能有很多人已經去過三星餐廳，但我先前都只停留在將吃三星餐廳列為願望的階段，能吃到法國本土的三星餐廳更是最盼望的事之一。直到有一次在法國自駕遊，因時間充裕一些，才有機會實現這願望。那次旅行計劃從普羅旺斯到巴塞隆納，最後找了一間唯一在沿途、屬於法國西南地區的三星餐廳。這是位於Fontjoncouse地區的L'Auberge du Vieux Puits餐廳，這地區甚至連很多法國人都沒聽過。

當天一早，開了約三小時車才到達Fontjoncouse。沿途沒什麼加油站，餐廳坐落於山頂，但到山腳時車已快沒油了，只好以龜速硬撐到餐廳。如此堅持，我也真的貫徹了三星的定義：vaut le voyage（特意安排的旅程）。我要去的這家餐廳外表沒什麼特別，裡面的裝修也不算豪華，我特別要求坐到窗邊，這樣我就有最棒的自然光為我的食物照打光。我點了一個最實惠的套餐，價格一百一十歐元（約新臺幣三千八百元）。因為要開車，所以也有個藉口不點酒。但我還是好奇地看了一眼最貴的酒是什麼，原來是價值一萬一千歐元的Romanée Conti酒莊的酒。

我點的餐第一道菜是四個拇指指甲大的點心，精緻到要用放大鏡才能看清楚細節；接

簡單的材料做出美味佳餚，對廚師是最大的挑戰。

著是生蠔，這是我這輩子最討厭吃的東西，但卻出奇地完全沒有腥味，甚至還有奇特的煙燻風味；接下來是洋蔥和青豆，簡單的材料要做到好吃十分考驗廚師的功力。等了很久主菜還沒到，剛好手機沒電，只好回到車裡拿充電器。就這麼巧，主菜在這時候上了！這道主菜的食材選用當地黑豬，豬肉有點難咬，此時此刻覺得特意安排的這趟三星旅程，竟是以失望畫下句點。鬱悶的我繼續吃了幾口黑豬肉，開始為這個旅程和這個餐廳找藉口，心想可能這道菜就是這樣的。我找了經理，說我正寫一本書，其中一章節正準備記錄這次的旅程。我問經理這道菜是不是本來就比較有嚼勁，經理解釋，有可能是我剛才出去得較久的原因。我第一反應是，他怎麼會知道我出去了很久？我想這就是傳說中隱形的服務員吧，你察覺不了，但他們都在注視你的需求和舉動。我聽完他的解釋後也只能接受，他們說可另外提供免費的奶酪做補償。而我以為這事就這樣完結了。

過了幾分鐘後，主廚居然特意來到我們桌前。他是全法二十五位三星廚師之一，他再次問了我的意見，我則要求和他合影。主廚知道我打算寫下這個餐廳的事情，就問我為什麼不點他們菜式比較多的套餐，我不好意思說我是為了省錢，只好說想留個機會再嘗一次。

主廚的出現把我方才的失望心情完全補償

了，本來以為此事就結束了。結果過了約十分鐘，主廚又出來了，他居然邀請我留下來吃晚飯，並讓我留下來住在他們豪華的度假酒店裡。我本來打算去迷你小國安道爾一遊，覺得至少也算是多去一個國家。考慮了片刻，我還是留下，放棄不太有趣的安道爾。那時已經快五點了，我午餐吃了快四小時，晚飯則是八點開始，等於我一天總共就吃了六顆星，估計富豪也不一定能這樣吃！

晚飯總共有八道菜，開餐前我其實一點都不餓。飽食午餐之後，才隔三小時又再吃一頓極其豐盛的晚餐，我居然把菜全吃光了。在飽腹的時候還覺得東西好吃，那才是真正的美味吧！最驚喜的是，這頓飯和一晚豪華住宿完全免費。為了答謝這份意外的厚禮，我在兩頓飯之間，用針筆速寫餐廳外貌，再把手稿親手送給主廚。我到現在都還記得那個餐廳的外觀，以及我坐在餐廳樓梯畫畫的情景。那天雖然是盛夏的下午，但是傍晚六、七點的黃昏帶著微風，晚霞讓餐廳所在的山頭泛起淡金黃色，是個令人難忘、寧靜愜意的下午。

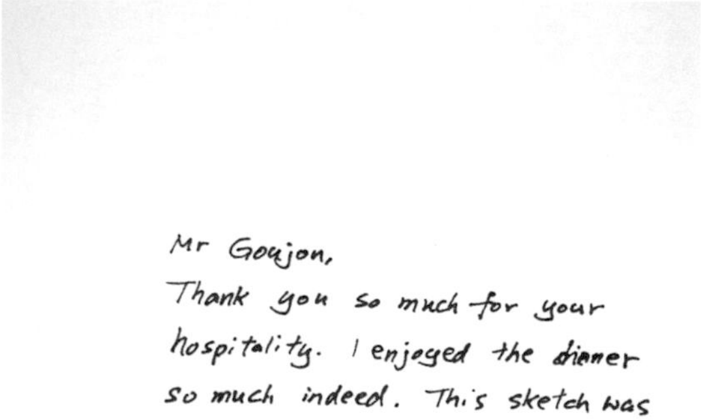
Thank you so much for your hospitality. I enjoyed the dinner so much indeed. This sketch was done by me this afternoon. A little souvenir for your restaurant.
Best wishes.
SIDNEY

只能以此答謝三星大廚的熱情款待。

做次狂熱分子

Good spectator sports share certain fundamentals. Their competitors battle head-to-head. Their winners are determined objectively: fastest runner, most points. They are refereed, not judged.

- Alex Berenson

巔峰對決，紐西蘭與斐濟在決賽相遇。

運動員是一種讓人尊敬的職業，不間斷又枯燥的練習為的就是創造更強、更優秀的自己。運動比賽除了引人入勝之外，觀眾還可領略運動員的專注與意志。說到觀看體育賽事，有一個世界級的賽事每年都在近在咫尺的香港舉行。我其實自小就聽過，但是最近才把觀賽作為一個心願。

香港國際七人欖球賽，每年一次、三天、五個冠軍、二十八支隊伍、七十場比賽，每天四萬名狂熱觀眾。已故欖球評述家Bill McLaren在他的自傳中曾形容，香港賽是欖球的奧運會，去了現場後，才知道這個說法並不誇張。七人欖球賽於一八八三年誕生在蘇格蘭，是十五人欖球賽的簡化版。七人賽比賽場地是跟十五人欖球賽一樣，所以對球員的體力要求很高。現在最為人熟悉的是每年一次的世界七人欖球巡迴賽World Rugby Sevens Series。這賽事從一九九九年開始，每年都會舉行，每年參與舉辦這巡迴賽的城市大概有八到十個，香港是唯一一個自九九年開始每年都有參與的城市。

香港的賽事（前身可追溯到一九七六年），又叫作香港國際七人欖球賽，是世界巡迴賽最有名且最重要的一站。雖然是那麼有名的賽事，但要享受這個賽事一點都不難。整個賽事橫跨週五、六、日；週五、六是分組賽，週日是淘汰賽的決賽日。

三天比賽共有二十八支球隊，其中通常會有知名勁旅紐西蘭、斐濟、南非、英國等的身影。這次是我第一次看欖球賽，之前在電視上也沒看過完整的比賽，沒想到開始看了幾場基本上都看懂了。上、下半場各七分鐘，傳球不能往前傳，所以整隊都要一起進攻、一起防守。場地大小和足球場差不多，但每隊球員就七個，所以防守方一不小心就會被突破。儘管每場比賽時間只有十幾分鐘，但是比分差距卻可以很大，而且很容易爆冷場。這些因素都讓七人欖球賽充滿緊張氣氛。賽程讓大部分球隊三天中都會有比賽，我單在週日一天就能看到二十四場、二十支球隊的比賽。由於每場比賽的時間不長，球員的奔跑速度快，規則又簡單，看二十四場比賽也不覺得悶，彷彿用一天看完

南側看臺上的扮相與萬聖節的不遑多讓。

混凝土森林中一年一度的體育盛事，每次都是座無虛設。

足球世界盃，長達三、四星期的賽事。

除了其傳奇色彩，香港賽讓人津津樂道的還有那熱鬧歡樂的現場氣氛。到現場觀看的多數是世界各地的旅客，或定居香港的外國人，當然也有不少本地人。雖然有些人並沒有自己支持的隊伍，卻會穿上奇裝異服到場，宛如參加嘉年華會。場地南側看臺更是有名的派對集中地，觀賽當天我也前往湊熱鬧。那裡有身穿各式好玩衣服的狂熱分子，讓人以為自己在慶祝萬聖節。

你曾親臨現場看過任何大型運動賽事嗎？不論你鍾愛的是溫布頓的網球賽、環法單車賽，還是甲子園的棒球賽事，何不試試親臨現場感受令人熱血沸騰的氣氛，為你熱愛的球隊打氣，喜愛的運動員加油，感受運動員的專注和激情，讓自己融入其中成為賽事的一分子。

觸動心靈的藝術品

I have offended God and mankind because my work didn't reach the quality that it should have.

- Leonardo da Vinci

從達文西的這句引文，似乎可以感覺到他個性中的執著，也因此才能造就出不朽的巨作吧！看他的作品，就像看地標一樣值得專門前往。最近終於有機會一睹這位大師的創作中，我最想看到的一幅作品。

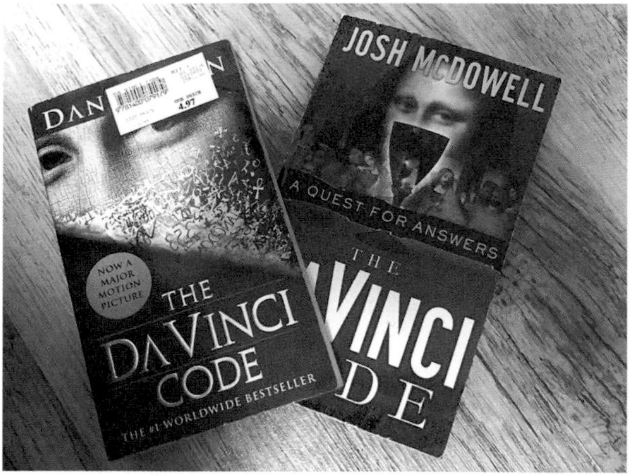

左邊是風靡一時的《達文西密碼》，丹．布朗從此奠定其推理小說作家的泰斗地位。右邊是其中一本試圖推翻達文西密碼裡，包括有關《最後的晚餐》情節的書籍。

這作品就是達文西的《最後的晚餐》，原來這幅真跡就在我經常經過的米蘭。會想看這作品除了仰慕畫作的名聲，還有一個我自己的原因；這幅畫曾經帶給我信仰危機。在電影《達文西密碼》中說到這幅畫的疑團時，實在是太繪聲繪影了，比方說這幅畫中根本沒有最後的晚餐用到的聖杯，還有坐在耶穌右邊的約翰的真正身分，以至達文西本身是否是一個什麼組織的傳人等。隨著時間過去，現在已不會再對自己的信仰產生糾結，但這比起蒙娜麗莎的微笑還要神秘的畫，仍是我心中一直想親眼欣賞的。

但要看這幅畫比訂米其林三星餐廳更艱難，參觀的人只能在恩寵聖母（Santa Maria delle Grazie）博物館參觀十五分鐘。幾經波折終於訂到門票。當天集合後我馬上跟著導遊進入博物館，導遊告訴我們，這幅最後的晚餐其實不是世上唯一的一幅，這

以前我一直以為《最後的晚餐》是幅油畫。

個題材在達文西之前已是常見的繪畫題材。達文西的作品之所以出名，除了是大師之作外，還有其他原因。和早期千篇一律的作品不一樣，達文西畫中的每個人物神態不一，就連耶穌也流露出害怕、無奈的表情。達文西也沒有把出賣耶穌的猶大與其他門徒明顯分開。畫家實驗了一種在當時是全新的繪畫手法來畫這幅畫，但這手法讓作品的色彩難以保存，所以後世經常要以鉅資來修復。最離奇的是，二次大戰空襲時，把最後的晚餐所在的恩寵聖母建築整個都摧毀了，唯獨最後的晚餐這面牆壁屹立不倒。大師、創新、戰後餘生，讓這幅巨作尤其珍貴。

要看這幅作品我們須進入一個長廊，並經過多個閘口，這些閘口要關上一個，另一個才能打開。這樣的安排是為了確保溫度和濕度保持在二十二度和六十度左右，這樣嚴密的保安和控制我也是第一次見識。

當最後一扇門打開後，我走進展區，一眼就看到最後的晚餐在一面牆上。面積比我想像中要大，而且看到真跡時，心情還是有點激動的。這裡是可以拍照的，由於怕參觀時間緊迫，我和其他遊客一樣連忙拍了很多照片，但透過鏡頭看畫作，反而少了感動。接著就是導遊為我們講解畫裡的人物，以及這幅作品的一些藝術手法。

完全不起眼的售票處，每天一早都排滿前來一睹巨作的遊客。

我後來想想，應該留更多時間用眼睛去看、去感受這幅畫。我站在耶穌面前，此刻我是這地球上離這幅巨作最近的人，忽然心中有種莫名的驕傲。在這麼近的距離，我可以看到達文西筆下耶穌的無奈和憂傷。他在最後的晚餐裡向大家說，會有一個門徒出賣他，而他也知道之後就要被釘在十字架上，此時我試圖從畫中去感受那種心情。此時我們參觀的時間已到，我竟然做了件最不酷的事情，就是和這幅畫自拍。我一邊離開這個房間，還一邊回頭多看幾眼，直到這展間的門被關上。短短的十五分鐘參觀後，我就馬上搭車前往機場。在車上不停地回憶我看到的，原本以為我應該會很激動，但是卻沒有。後來發現參觀的畫面深深烙印在腦海裡，而拍的照片反而多天後都沒有再看過。

原本預期與這畫作第一眼接觸時，應該會有很大的驚奇和感動，就跟我之前看Pietà

《聖殤》的心情一樣，但這種感動在看《最後的晚餐》時沒有出現。有可能一幅畫沒有像雕刻一樣的衝擊力，又或者可能是參觀時都把注意力放在導遊說的話上了，但其實她說的內容在網路上都能找到，也有可能我花太多力氣在拍照上了。

說到米開朗基羅的聖殤，其實也不是唯一的聖殤作品。這個主題在更早以前就有，但這作品也像達文西《最後的晚餐》一樣有了很多創新和唯一。首先，這是唯一一個有米開朗基羅署名的雕刻，也是少有用一塊大理石雕刻出來的聖殤。但這些資料我都是看完Pietà後才知道，一件令人感動的作品並不需要事先知道太多資訊。我記得那時去梵蒂岡參觀聖彼得大教堂，走進去第一件看到的雕刻作品就是Pietà。由於去之前，我沒有特別搜找那裡收藏的藝術品資料，偶遇反而更讓人激動。

聖殤本身是用白色大理石來雕刻，效果有點像現在攝影師想凸顯氣氛喜歡用的黑白照片，把重點都定格在瑪利亞抱著剛死去的耶穌。我站在雕塑前，感覺眼中有淚光，全身寒毛因感動而豎起。那種喪子之痛能透過雕刻散發出來，雖然隔了很長時間，當時的感受至今還印象深刻，那是我看過最讓人感

梵蒂岡聖彼得大教堂裡的「聖殤」。

位於米蘭的恩寵聖母 Santa Maria delle Grazie。

動的藝術品了。

我覺得除了藝術品本身的藝術價值之外，觀看時的心情也很重要，沒有後者，再了不起的藝術品也只會變成背景牆吧。若要不影響心情，那就用一部最厲害的相機——眼睛是鏡頭，腦袋是內存的記憶體。我不禁想起這對白：「I'm gonna take your picture, so I'll never forget you and all these.」在《Before Sunrise》（臺譯：愛在黎明破曉時）中的男女主角說罷，沒有拿出相機，而是看著對方很久，這樣反而刻骨銘心。這次倒是明白為什麼有些人可以在博物館盯著一幅畫幾小時。我很想再看看《最後的晚餐》，希望再看時，能全心全意的用眼睛去感受。

如果有機會站在你深愛的藝術品前，放下手機、相機，好好感受吧！獲得的感動會比拍一百張照片都要珍貴。

跟蹤喜愛電影的足跡

Cinema is the most beautiful fraud in the world.

- Jean-Luc Godard

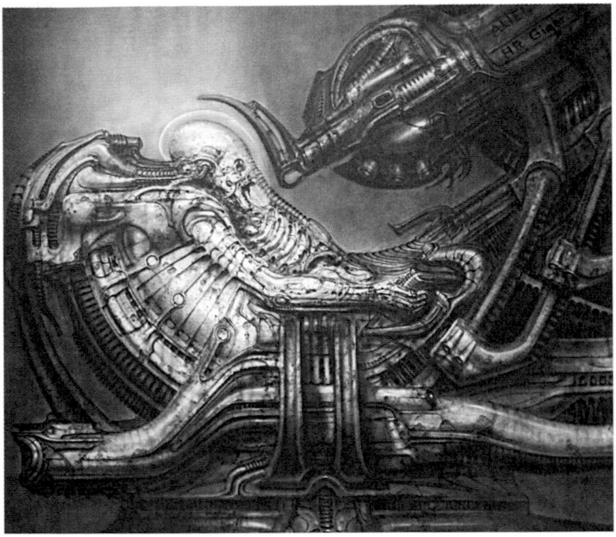

左：Giger 的手繪，也是異形第一集開場的經典一幕。
右：Giger 最為人熟悉的生物機械造型。

二一二二年，一艘宇宙採礦船接收到來自LV-426星球上的神祕訊號，採礦船兩名工作人員往訊號來源搜索，發現訊號來自一艘撞毀的外星飛船。飛船內氣氛詭異，有一個已死去的巨大外星人，船艙內還有成百上千的巨卵。其中一個突然打開，結果……。

我可以把故事一直說下去……，這其實是一九七九年第一集《異形》的開場，也標誌著這部史上最成功的驚慄科幻片的開始。這部電影系列沒有帥哥美女，也沒有超級英雄，只有殘暴兇狠的殺人生物，卻在往後三十年吸引了一大群忠實的異形迷。故事的延續性讓此系列既科幻又真實，血腥和怪異的氣氛，讓愛刺激又好奇的粉絲沉迷其中。

沒想到這怪異氣氛還能在現在的地球上找到，那就是Lonely Planet 1000 Ultimate Experience裡提及的全球最怪異餐廳之一，餐廳旁邊還是異形創造者H.R.Giger的作品博物館。這餐廳是在瑞士裡一個叫Gruyères的小鎮上，知道這地方後過了好幾年，才有機會自駕，特地去拜訪這個既遙遠又神祕的地方。

異形電影中，科學家認為的完美生物。

Gruyères和一般瑞士的村莊沒什麼分別。到達後我還以為找錯地方，直到經過了一個小房子的拱門，才看到裡面別有洞天。那裡有一個標誌性的Biomechanical（生物機械）雕塑，和我在網站上看到的一模一樣。我選擇先到博物館參觀，一進門就看到一個異形模型。再往裡走就是Giger最具代表性的作品展，其中除了本文章開端提到的外星飛船以及外星人造型展示外，還有大量Giger的生化造型畫作和雕塑。這些作品造型恐怖但美麗，難怪Giger還獲得過奧斯卡的最佳造型設計。到最後我還看到一比一的異形模型，簡直讓我這個影迷興奮不已。

參觀完博物館，我終於到了盼望已久的異形餐廳。裡面的天花板就像異形續集裡殖民基地被異形占據後的內部結構，宛如進入了一隻巨獸的體內，紋理就像一條連綿的脊椎，還搭配著凳子和窗框的造型。整個餐廳並不大，但是做工精緻，整體環境駭人又讓人印象深刻。

餐廳裡的怪異造型與造訪時的晴朗天氣形成強烈對比。

來這裡的時候是下午，我並沒有點吃的，只是要了一杯Alien Blood。這是杯紅色的調酒，估計調酒師本身並不一定是異形迷，因為異形的血液其實是無色的強酸。邊喝酒邊猜測著，可能我是眾多顧客中從最遙遠彼端慕名而來的人吧！等待了數年的小願望終於在那天達成了，雖然餐廳環境怪異，我卻掩飾不了開心的笑容。

這篇文章可能對沒有看過異形的人來說沒太大意義。但說不定你可以尋找《La La Land》（臺譯：樂來越愛你）的Griffith天文臺，《春光乍泄》的伊瓜蘇大瀑布，《Sleepless in Seattle》（臺譯：西雅圖夜未眠）的帝國大廈，或是《Breakfast at Tiffany》（臺譯：第凡內早餐）的第五大道旗艦店。下次也尋找一下自己喜愛電影裡的足跡吧。

拜訪傳奇之地

To have the opportunity to complete the slam at the Open at St Andrews, the home of golf, is something I will never ever forget.

- Tiger Woods

5 英鎊入場費包括 Callaway 球桿租借。

這個世界有幾千萬人打高爾夫球，但有一個球場是所有發燒球友都想去的，那就是蘇格蘭的Saint Andrews。這地方的地位就像網球的溫布頓、日本棒球的甲子園，甚至可以媲美梵蒂岡在天主教徒或麥加在回教徒心中的地位。六百多年前，高球就在這裡誕生。因最近有機會去蘇格蘭，想提前訂場地打球，找了當地朋友詢問，可是場地早已訂滿了。後來只好打消打球的念頭，改成去那裡觀光吧！結果卻有意想不到的驚喜。

週六早上，在愛丁堡簡單遊逛了一下，就開車前往Saint Andrews。當天是典型的英國天氣，濕漉漉的，開了一個多小時的車，一路下著大雨，還好到達前雨就停了。和很多世界級名勝一樣，Saint Andrews坐落於一個不甚起眼的小鎮，我邊開車邊查地圖時，還差點錯過那個不明顯的公路出口呢。

這次的目的既然是觀光，我當然也前往這裡的地標，否則就像去了梵蒂岡卻沒去聖彼得教堂一樣。這裡最古老的Old Course最後一個洞附近，有一條全長不到十公尺，卻有接近七百年歷史的小橋Swilcan Bridge。這應該算是高球界上鏡率最高的橋，沒想到它就位在一條極不顯眼的行車小路旁，中間只有一個普通的防撞護欄隔著。我走近時，發現已有好幾位遊客在防撞護欄旁等待，等待第十八洞打球的球手把球打往橋的另外一邊的果嶺後，再跑進去球場與小橋合影。這樣擅闖的舉動在這全球最有名的球場竟然沒有保安阻止，所以我也厚顏地跟著跑進去。估計我們六、七個遊客花了不到一分鐘的時間就拍了近百張照片。

拍完照之後也滿心滿意足了，但是時間尚早，所以就在旁邊的Pro Shop逛了一下，買了幾個紀念品。付錢的時候順便看到球

高爾夫球界的地標 Swilcan Bridge。

場的介紹，才知道這裡除了最出名的Old Course外，還有另外六個球場。於是我問：「這些球場現在還能進去打嗎？」我以為他們會回我：「你要提前預定哦。」沒想到答案居然是：「你可以去試試看。」我又說：「可是我連桿都沒有。」答：「你可以去租的。」本來毫無期待的心情變得期待萬分了，我那時想，就算讓我在九洞球場打上幾個洞我都願意。但看看錶都已經快四點了，天也快黑了。店員後來特意幫忙打電話到九洞的Balgove Course確認，那邊傳來兩個字「Just Come！」

謝過店員後，我連忙開車到球場，進去時，那邊的工作人員已經在打掃了。我說我是剛剛打電話來的，問他還有多少時間能打球，他看了看手錶，通知我一定要五點前回來。店員用專業口吻問我對租賃球桿的要求，然後就拿出球桿，最讓我喜出望外的就是這個世界知名球場的收費，可能知道我就打幾個球洞，他們也就象徵式地收了我五英鎊的租桿和場地費。我就這樣花了五磅，一個人在St. Andrew's打球！

那時整個球場，除了我，還有一位在球場溜狗的人和她的狗，這裡對當地居民而言就像公園一樣。那時太陽開始下山，將天空逐漸散去的烏雲和球場嫩綠的草地都洗滌成金黃色。碩大的球場沒有同伴，沒有後面緊逼的下一組球友，連球僮也沒有。因時間不足，我只能在這裡打四個球洞，而且還打了個標準桿，我在St. Andrews打了個標準桿！這就好像說，我在巴西踢過球一樣。

看看錶時間也不早了，我背著球桿跑回接待處，不停地謝謝接待小哥，還要求與他們合影。一個小時的單獨高爾夫，我用了最低廉的費用、穿著最不適合的裝束，與這個最傳奇的球場有了一小時的邂逅。這感覺就像紀錄片《My Date with Drew》（臺譯：戀上茱兒）一樣，一個普通人最終如願以償地與偶像Drew Barrymore約會了一樣。原來傳奇也可以平易近人，有時候就像這電影裡的主角一樣，勇於提出就好。也許你會得到喜出望外的回覆。

從未試過的一人球場，連球僮也沒有。

參與舉世聞名的節慶

At festivals, you can go a lot bigger than a club and have massive euphoric moments because there are so many people there all feeling the same thing.

- Jamie xx

我披著斗篷，帶上面具，走在被細雨洗滌過的石板窄巷裡。這身裝扮有點像《Eyes Wide Shut》（臺譯：大開眼戒）裡Tom Cruise穿的，但這扮相和我穿出巷子後將要遇見的裝束相比，恐怕不能相提並論。而我此刻正要進去這個充滿奇幻的「空間」。

這「空間」源於一個傳奇的節日。和世界上的重要節日一樣，參加者就算不是本地人，也會感受到豐富的人文氣氛，那就是世界最值得參與的節日之一——威尼斯的嘉年華。嘉年華期間，到處都是戴面具的遊客，節日氣氛濃厚，有記載稱這節日在十世紀就已經開始。只見古老的街道，到處都是身穿古老服裝的人，讓人有穿越到熱鬧的文藝復興年代的錯覺。

嘉年華結束的時間是復活節前四十天的星期二，復活節每年的日期是依照傳統而複雜

的算法得出，每年都不一樣，所以嘉年華每年的時間也不同。依照傳統，復活節前四十天要齋戒，威尼斯人就透過嘉年華來場齋戒前的狂歡。

我來到威尼斯時是一個下著細雨的早晨。用手機找了一會兒，終於找到要入住的Airbnb，那是在一條小巷裡，兩層樓高的房子。安頓好後，我帶著準備好的面具和斗篷，便馬上出去遊逛。我住的區域是在主島的邊緣地段，比較安靜，出門後往最熱鬧的聖馬可方向走，沿途街道就像迷宮一樣，錯落的民房、特色古老的酒吧、商店和甜品店，讓人自願迷失在這迷人的城市裡。

嘉年華的威尼斯真的像網路上看到一樣，滿街都是悉心打扮的人，而這些大部分都是遊客。他們白天在聖馬可廣場附近讓人欣賞和拍照，晚上就去參與各樣的舞會。

威尼斯的正中心聖馬可廣場在嘉年華時異常熱鬧。

除了遊客外，也有官方聘請的演員，擺出各種戲劇性的姿勢讓人們合影，還有一些藝術家想透過嘉年華的妝容打扮來推銷自己。反正整個廣場充斥著奇幻的身影，光是看到這些神級扮相已不枉此行。我在雷雅托橋、聖馬可廣場、道奇宮一帶遊逛了一下午，一點也沒閒著，目不暇給地欣賞各種奇異、浪漫的扮相，這是所有遊客最夢幻的風景線。

傍晚我還去了一個很少人知道的貢多拉學校，向一位熱情的老師學習如何操作貢多拉。這個看起來很容易操控的小船，只靠一隻槳來划行和控制方向，其實一點都不容易。老師卻能從容地邊划邊唱歌，邊划邊用心地教我，這個一對一的活動絕對值得嘗試。結束後，我另外參加了臨時用手機找到的Bar Crawling活動，由當地專家帶領前往四間酒吧品嘗五、六款酒和多款Cicheti（就像西班牙菜的Tapas），也嘗了以義大利氣泡酒Prosecco和橙味酒Aperol調製出的自製威尼斯Spritz。雖然我覺得要完全感受威尼斯的派對氣氛，還是要盛裝打扮並參加晚上一位約幾百歐元的舞會，但這還是留給

鮮為人知的威尼斯體驗。

威尼斯聞名於世的面具，就連《大開眼戒》裡用的面具都要特地來這裡定做。

下一次，再盛裝來吧。我輕鬆地在酒吧裡喝著酒，聽著音樂，和來自世界各地的遊客聊天，也很有派對的感覺。身邊不少友人去過威尼斯遊玩，但似乎沒有人專門在嘉年華期間去威尼斯的。同一個地方，不同時間去的感受是完全不一樣的。

還有一個對我獨具意義、希望以後可以帶女兒去的節慶，就是與她同名的Siena城有名的Palio賽馬節。有意義的地方和節日，對於每個人也許都不一樣，可能是西班牙的奔牛節，或每年十月在慕尼黑的Oktoberfest，或祭祀先人的日本盂蘭盆節、墨西哥的亡靈節，又或者是近在咫尺的平溪天燈節。上網查查全世界最值得去的節日吧，下次出遊前說不定可以順道安排參加這些盛典，親身體驗一次這些特別的氛圍。又或者與你覺得重要的人特意去一趟吧！共同打造一次難忘的回憶。

夢之團隊

A team is not a group of people that work together. A team is a group of people that trust each other.

- Simon Sinek

最近的樂隊宣傳畫面，隊員都來自 Bonham Road（港大校址）。

成年後才學樂器，所以挑了個容易上手的爵士鼓。但沒有音調的鼓對初學者來說，練習變成一件乏味的事情，所以組樂隊也成為必要且順理成章的事。我在美國讀書前才開始學打鼓，求學時，學校有招募樂團表演，但因學藝不精，最後只能在臺下當一個羨慕的觀眾，後來到上海工作沒多久，就萌起組樂隊的想法。那時已有不少老外在這裡居住，我就在一些外國人愛看的雜誌上登免費廣告找樂隊夥伴。沒想到真有人回覆，那是位來自瑞典的學生，他玩的是吉他。兩週之後又有一個法國吉他手打來，他還有一個低音吉他手的朋友。就這樣，我們四個人組成了一個樂隊。我們約好在週末來我家排練，後來在家練習實在太吵了。還好上海有無數的防空洞，其中有一些被改成樂隊練習房。

我們開始時技術都一般，每首歌只能一點點地練，我經常被說愈打愈快，尤其是打得興起後，有幾次被隊員說得我惱羞成怒呢。我們沒有專門的主音歌手，所以只能輪流當主唱，這也加深了練習的難度。排練初期覺得能完整練完一首歌已是件不可思議的事情，雖然是這樣，每週日的排練還是我生活的Highlight。每週不懈地練習讓我們終於可以連著奏出幾首歌。

後來我促成樂團的第一次演出，那是在衡山路上我一位朋友開的酒吧。那一晚活動結束後，我們繼續去了卡拉OK來場After Party，興奮心情真的久久難以平復。

自此，我們找了很多理由來演出，例如樂團隊員生日甚至自己新家的House Warming，但最難忘的一次是去了比利時大使館，在他們的音樂節做壓軸演出。和以往的演出不一樣，這次到現場的聽眾幾乎全都是我們不認識的人，他們亦將會給出不留

曾經的樂隊 Ad Ventures 的宣傳。 隊友都來自廣告界。

情面的真實反應。那次演奏的是我們熟悉的歌曲，效果比較好，而且都是熱門歌曲，臺下反應異常熱烈，有些觀眾甚至和我們一起唱起來。這樣的氣氛讓我第一次知道什麼叫忘我。那時的節拍是自然流出的，根本不用去想怎麼打，心靈完全投入在那一刻，時空恍惚停頓了，臺下變得寂靜。想起電影《Whiplash》（臺譯：進擊的鼓手）裡，主角在最後一幕的演出，他的Solo有一段敲打hi-hat的畫面，雖然是在打鼓，但是此刻畫面卻是無聲的。這是一種昇華的快樂。我們當晚演出結束後，心情興奮卻異常寧靜，在回家的路上，我一直帶著滿足的微笑，那時的喜悅簡直比任何After Party的歡樂都來得真實。

這個樂隊最後因為部分團員要回國而解散，但是人走了，友情還在，其後也因不同的演出而組成一些為公司、母校表演的臨時

邊打邊唱，容易愈打愈快被隊員投訴。

樂隊組合（這篇的照片主要是母校樂隊的隊員）。演出多了，心情就沒那麼緊張，音樂技術水平雖然還是初級，但還是很享受置身於音樂裡所帶來的歡樂。這種喜悅是因為一群人彼此信任、惺惺相識，朝著一個共同目標邁進。在樂隊中，這目標就是演出一場讓自己和觀眾都快樂的表演。

除了樂隊，我也參與過球隊，而球隊目標就是更鮮明的「求取勝利」。和樂隊一樣，球隊裡每一位成員都重要，少一個人都不可以，而且要互相信任，這樣競賽才能成功。樂隊和球隊這兩種團體本來是不相關，但想到一部一直很喜歡的動畫片的一幕，居然把這兩者串聯起來了。那一幕是風靡一時的籃球動畫片《Slam Dunk》灌籃高手裡，湘北對翔陽的比賽，那一幕，球賽就剩下四分多鐘，湘北以大比分落後，這時背景響起當時有名的Wands樂隊的〈直到世界終結時〉，旋律振奮，正好襯托筋疲力竭卻又意志頑強的三井。三井看著他的隊友宮城、流川、櫻木，最後是隊長赤木。三井看著這些隊友已經不再視為仇恨的對象，反而是互相信賴的隊友。此時他鬥志重燃，最後投入好幾個三分球，追上比分。事隔多年，很多《Slam Dunk》的粉絲還是覺得這一幕印象深刻。

也許不是所有人都曾加入球隊或樂隊，但團隊的出現其實存在很多方面，好比日常的工作也是。工作中記憶最深的經歷也是和團隊有關的。大家抱著共同目標，互相信任，現在想到這個團隊的每一個人的面容，又好像三井看到隊友一樣。不管怎麼樣的團隊，隊友互相信任，為一致的目標努力過，這些經歷都是能讓人一再回味的。

做一次募捐者

谢谢您的支持
期待您的来信

The premise of this foundation is one life on this planet is no more valuable than the next.

- Melinda Gates

有次我收到一疊一模一樣的信件，本來以為是什麼宣傳品，打開一看才發現是一個素未謀面的小孩寄來的信。繼續拆開別封信，發現每封信格式一樣，但內容略有差異，原來那一疊是來自十六位小孩寄來的信件。我想起來為什麼會收到這些信了，原來一年前我做了一件對我來說很簡單，卻可能改變他們童年的事。

去美國讀書之前，從來不知道個人也可以發起慈善募款的。我那時還沒想過跑馬拉松，更不知道波士頓馬拉松有多難參加。有一位同學參加了這個賽事，並用跑步作為籌款源由，向身邊的同學、家人和朋友募款。仔細想想，其實這也不是什麼新概念。小時候在電視上看的募款節目，就是透過一些個人的努力來向觀眾募款，不過那時參加的都是明星歌星，做的事情大部分是表演。如果不是我這位同學，我真沒想過把自己變成一個募款人，也不會想到跑步也可以募款。

能挑戰自己又能做好事，這是很值得提倡的。我就在第一次跑馬拉松時，發起募款，並以此名義向周圍的人募捐。先從我最親的家人開始，然後就是我同事、朋友和其他親戚。我母親負責做親戚們的募款經理，直到現在我甚至還留著當時母親手寫的募款清單。可能是我第一次跑馬拉松，也可能是那時候跑馬拉松還不是那麼流行，我募款的成績還滿不錯的，那次總共籌得兩萬六千多港幣（約新臺幣十萬元），雖然不算什麼大的數目，但還是發揮了些作用。

那些年，我透過宣明會（世界展望會）助養了一個我到現在都沒見過，住在廣西的小朋友（這裡化名光光）。籌了善款後，我致電宣明會，希望把這款項幫助他就讀的學校裡的小朋友，當一切安排好之後，我以為事情就這樣完結了。過了兩、三個月，我突然收到一封宣明會的感謝信，裡面是光光拿著宣明會買的書包和學習玩具，後面站著他父親，另一張照片裡是光光的兩個同學拆開用善款買的文具。我盯著這些照片很久，眼淚都快湧出來了，我應該是被他們開心的表情感動了。我做的事情其實是一件很簡單的事，卻能讓這些不認識的人那麼快樂。「施比受更有福」這句話一點都沒錯，也許感謝信應該是我寫才對。

撰寫這篇文章時，我曾把原稿發給一位我經常徵詢寫作意見的朋友看，她說有見過表演募款但沒看過跑步募款的。其實有可能當時被我找來捐款的親友也有同樣的疑問，但是最後大家還是捐了款。對很多人來說，能找個藉口做善事其實都會義不容辭的。之後我也陸續找這位朋友捐了好幾次款，她每次都是捐得比較多的那一位。

去紐約跑帝國大廈的那一次，我又找了包括她在內的朋友募款。那一次金額本來和之前的差不多，但幸運的是，我找到一位居住在美國的親戚捐款。他曾在一個富人家族的基金會工作，透過他的安排，這基金會願意以我募款所得金額加碼三倍，所以最後我籌得比本來多三倍的款項。於是，我用這筆意外資金資助了十六個小朋友兩年的生活費。在這次募款的一年後，我收到這些小朋友的來信，再用簡訊把這些信發給了幾十位捐款人。他們不少人都說下次還有什麼捐款機會的話，我一定要告訴他們。以前沒想過自己可以募款，現在還居然變成了一些親友心中的募捐大使，這種演變也是我始料未及的。

最近在北韓的那次跑步，我也用來做為募款源由。這次幫助的對象是與大學校友會合辦的一個幫助孤殘兒童的中心，所以也對一些不認識的校友在微信群組裡面募款。剛開始時，覺得挺不好意思，因為總覺得我跑步和他們沒什麼關係？但後來一些不認識的校友不僅捐款，而且還發私訊為我打氣。如果我當初只單純地去參加跑步，也不會有這些來自陌生校友的額外鼓勵。而且因為這次募款，也給了一些校友靈感，發起了另外一場透過走路來發起的募款活動。

一切的起源，只能說都是因為那位已經多年未聯繫的美國同學開始。一個做為引子的善念，幫助了不少在地球另一邊需要幫助的人。我大學的校友也因此意識到，簡單的一個跑步，甚至走路，都可以募款的。看來善心真的是可以傳染的。

小朋友的畫，不管畫得怎麼樣都是美麗的。

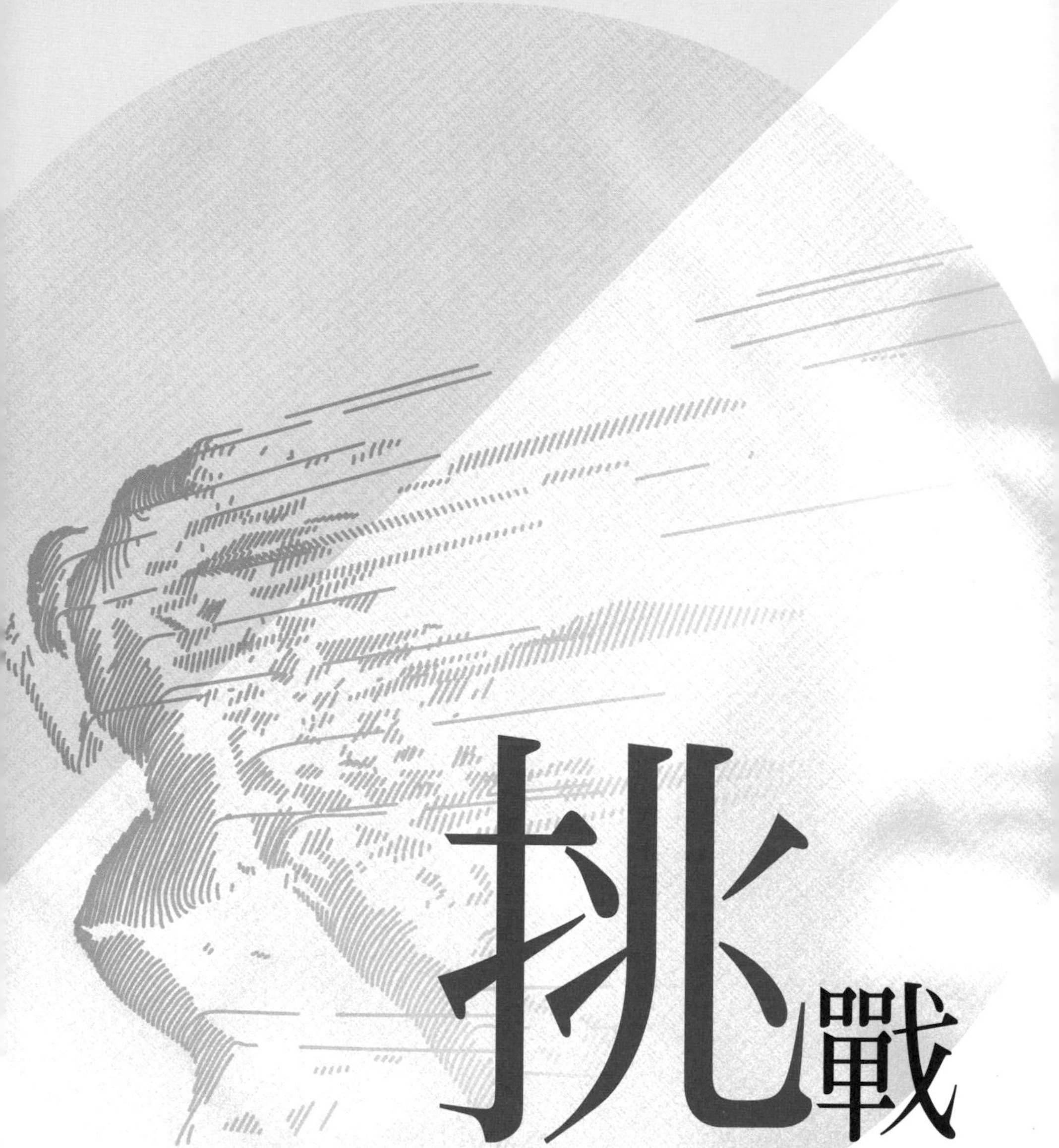

Chapter 4 挑戰極限

ENDEAVOR

經過艱辛和努力而達到目標，感覺到的喜悅是很強烈的。近十年跑步風氣席捲全球，很多素人都去參加各種距離的賽跑，這正好印證人們自我挑戰的願望。看看參賽者衝線時的表情就知道，成功挑戰自己是那麼令人興奮的事情。

完成挑戰的背後是大量的練習，但具備一種能達到超越現實的信念也同樣重要。這一點對很多業餘運動者尤其重要，很多人覺得平常運動量偏少，不可能跑5K、不可能登三十層樓、不可能一口氣游兩百公尺。但是這些觀念只是我們還沒遇到潛在的自己，當完成了不可能時，我們就會對自己改觀，留下持久的愉悅。

就算沒有達到預期的目標，但如果盡了力，挑戰自己也是個有收穫的過程。這種收穫是內心的一種平靜，也可能是在真心付出後和自己的和解。不管怎麼樣，過程後肯定是比之前進步了，甚至比年輕時的自己更強了。這種挑戰不僅僅是身體的，也包括心理和行為。也許是改掉一個習慣，也許是克服一個恐懼。反正過程都是類似的，有信念，再嘗試，然後享受結束後的滿足。

馬拉松

It always seems impossible until it is done.

- Nelson Mandela

2005 年的上海馬拉松。

四十二・一九五公里，是標準運動場的一百零五圈。跑完一場馬拉松絕對是對一個人意志、體能的考驗與肯定，也因為這個原因，很多人把完成馬拉松放在自己的人生 Bucket List。隨著跑的人愈來愈多，這也不再是遙不可及的願望。

據統計，光是美國和加拿大每年就有近八百場馬拉松賽事，全世界的賽事更不計其數。跑馬拉松前可以先報名五公里或十公里賽。有許多沒跑過長跑的人，覺得五公里已是極限。記得在中學時的運動會，同學能跑五千公尺我已覺得不可思議了，但現在這距離已變成自己日常鍛鍊的一個最起碼的距離。要跑長跑就先要把類似的距離感和難度感拋諸腦後，現在身邊不擅長跑步的朋友只要願意嘗試，還真能完成五公里。先建立了自信，再加上平常的練習，可以繼續跑十公里的賽事。然後半馬，最後就是全馬，甚至超級馬拉松。

對很多平常有鍛鍊身體的人其實不用怎麼練習就可以直接去跑半馬，但對沒有長跑習慣的人來說，全馬起碼要提前三、四個月鍛鍊。第一次跑全馬前參考了《The Non Runner's Marathon Trainer》一書，裡面清楚說明每週的訓練距離，每週四次，從比賽前的十六週開始練，每週增加跑量到第十三週的高峰，然後再遞減到第十六週，最終實踐該書中心思想：完成賽事！一般馬拉松要求六個小時結束，其實不是不可能，只要平均每小時七公里就可以完成，很多人快走都可以達到這速度了。

我第一次跑馬的目的也是「完成賽事」。那一年在上海，開跑時熱鬧得很，除了跑手多，也有很多廣場舞大媽為參賽者熱情地充當啦啦隊。她們拿著各式加油打氣的工具，幾乎整條賽道都看到她們的身影，有好幾位還對我喊「加油小伙子！」那對一個不是小伙子的人來說，還是很有鼓勵作用的。那一天我對跑速完全沒要求，一心只為了跑完賽事。抱著這樣的心態，我跑得特別慢和放鬆，在最後十公里，雖然雙腿已極為疲倦，但也沒什麼不適的感覺。到衝線那一剎那，我拖著疲乏的身軀，臉上卻帶著滿足的笑

現場氣氛是讓人迷上馬拉松的重要原因。

在港馬衝線前的極度痛苦——抽著筋到終點。

容。那一秒鐘完成了一個終極目標，喜悅感染了身邊所有人，興奮的心情融化了疲憊。其實那時肌肉已堆積大量乳酸，尤其在下樓梯時，雙腿無比酸痛，後來花了一、兩個星期才能恢復。雖然我說：「I'm done with marathon.」但實際上並不是這樣。

數年後，我還是在同事的鼓勵下報名參加了香港馬拉松，這個賽道大部分路段都在高速公路上，並沒有一路圍觀的觀眾。這是一條寂寞而難跑的魔鬼賽道，沿途上下坡不斷，我這次還帶著在四個半小時完成賽事的目標。賽事頭半我用了兩個小時多一點就跑完，但到了三十公里時，跑者的噩夢來了。我的大腿開始抽筋，接下來是小腿，然後雙腿幾乎所有的肌肉都抽搐著，那時離終點還有十多公里！我連忙做各種拉筋的動作，每次做完堅持再走三、四百公尺，然後又要停下拉筋再走。我有幾次想放棄，但還是這樣又抽又跑的，再花兩個小時終於走到終點。完成的時間居然比上次在上海的紀錄還快了一分鐘，勉強算進步了。這次雖然沒有在計畫時間內完成，但卻為自己的堅持感到安慰，有點像摔倒的奧運跑手堅持到終點一樣，也算是另類經歷。當然歸根究柢，抽筋還是因為鍛鍊不足。

跑完第一次馬拉松本來覺得已經完成了一個心願，但後來懷著更高的目標跑了第二次，卻因為仍有遺憾而想繼續嘗試。太順利的事情，做完之後可能覺得輕描淡寫，失敗後再嘗到勝利才夠刻骨銘心，雖有點阿Q精神，但也以此自勉。對我這種筋骨特別緊的人，抽筋似乎是跑馬的天敵，但現在也只能努力練習才有機會攻克這毛病。馬拉松的練習可以說乏味而艱難的，但懷抱夢想，驅動力就會來了。現在練習時參考的書是《The Complete Guide of Running a Marathon

這還是個未了的小夢想。

找一個愛的人一起衝線吧！

under 4 hours》，這書名也是很多業餘選手的目標，很期待有一天能做到。

後記

原來有抽筋史的跑手，以後在賽事裡抽筋的可能性會特別高。跑過香港後，去了臺灣跑又是以抽筋收場，這讓一位已經長跑多年的人甚是沮喪。就在本書截稿前，我特意再報名，想打破這抽筋的宿命，希望能跑出個人最佳成績。後來跟著文中那本參考書練習，差點才跑進四小時，卻是在沒有抽筋的情況下達陣個人最佳成績。衝線那一刻，我的速度比起旁邊一起衝線的女兒還慢，那時雙腿已筋疲力盡，心情卻是心花怒放。

垂直馬拉松之一

Keep going. Each step may get harder, but don't stop. The view at the tops is beautiful.

- anonymous

抬頭一看一百層的標示就在眼前，最後只剩下十多階的樓梯，但提起每一步時，雙腳卻像綁上鐵鏈球一樣沉重。

那是第一次參與這種活動時，印象最深的畫面，參加過才發現這種活動對心肺的要求居然比馬拉松更高，怪不得連游泳健將都可以跑到吐。這雖是較冷門的賽跑，賽道卻是周遭到處都有，有人稱這種活動為跑樓梯，也有人稱之為垂直跑或垂直馬拉松。一口氣在半年內完成了好幾個垂直跑，最後還跑了個沒想到能跑的大廈，過程還真峰迴路轉。

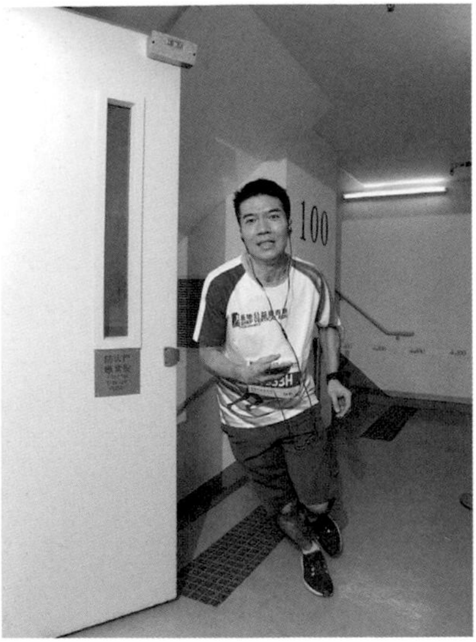

最高點，也是終點。

爬樓梯可以鍛鍊腿部和臀部肌肉，而且對提升心肺功能有很大幫助。儘管如此，愛上走樓梯主要是因為平常鍛鍊的機會實在太少了。走樓梯成為一個碎片化的鍛鍊機會，有了平常走樓梯的基礎，垂直跑似乎沒有那麼可怕。我有想過參加臺北的一〇一，也想過參加垂直跑的鼻祖帝國大廈賽跑，但是這兩個賽事的公開名額都較少。我也真的嘗試報名帝國大廈的賽跑，查一查帝國大廈的登高跑資訊，這可說是世界上最尊貴的賽事項目之一，每年大會都會邀請知名跑手去跑，外國業餘跑手幾乎沒辦法參與。其實看看TowerRunning.com這網站，會找到世界各地的跑樓梯活動，正

如馬拉松一樣，這樣的比賽愈來愈多。跑樓梯賽通常會分專業組和健康組，因為樓梯很窄所以有必要劃分不同能力的選手，以防堵在一起。後來有次逛街時路過一個不算顯眼的小廣告牌，發現上海的環球金融中心也有得跑，兩千七百二十六階樓梯、一百層樓高，這比帝國大廈的八十七層要高出不少，於是我報名了。

在起跑點聽到「嗶」聲一響，我們一組大概四、五個人就開始衝了。我的跑樓策略是一次爬兩層階梯，用扶手借力，我不敢用跑的上去，而是均勻地快步走。爬了約二十多層，第一個休息站終於到了。這是一個夾層，我們要走一段二、三十公尺的平路，不少人此時已坐在地上休息，我倒是沒停下，我想要測試自己的實力。經過休息站我再回到樓梯口，那裡有一個指示牌說下一個休息站在二十六層之後。我有點慌了，但已經沒選擇了。

到了五十層，這是我從來沒爬樓梯到過的樓層數，手機上的計時器顯示十五分五十七秒，雖然離專業組選手的速度差很多，但是已經比我預期的要好。那時腿開始覺得累，但是反應最大的是跳得特別快的心臟，腦海忽然閃過我會不會突然間暴斃的情景。我粗略測了自己的心跳，每分鐘一百五十下，那是還能承受的心跳數。但賽事下半段我速度明顯變慢了，我也每十層看看自己的「圈速」有多少。

到了七十、八十層時，我要四分鐘才能走完十層，意志力叫我要繼續，我腦中想著：「不要停下，否則會徹底洩氣的！」這時手上的汗也愈來愈多，欄杆上估計都是其他人的手汗，但我也沒心情感到噁心了。腿酸的我只能開始一階一階地走，之前是其他選手擋住我，現在是我擋住其他人，我也不管了。

八十層後，我走了很久都沒看到每層樓的標記。我心想，難道八十至一百層每一層都特別的高嗎？這時樓梯間的構造也開始發生變化，裡面的空間變大而呈不規則。我估計自己是到了大樓頂部的造型部分，希望我猜得沒錯，因為身體感到愈來愈疲憊了。「89樓↑避難廣場方向」，突然看

參賽者的唯一指引。
值得紀念的最後一階樓梯。

到有一個指示牌！我終於知道自己跑到哪一層了。我想，你再不出現我就要找地方避難了。當時心裡大悅：「再過十層我就完成了！」此時每層的數字標示再次出現，每一階的樓梯也都有標示。

一七六，一七五，一七四……就好像長跑快要衝線一樣，最後一公里是最累的。最後一百階我感覺自己的腿簡直抬不起來，心臟也快跳出來。三，二，一！到了！

一百層三十九分鐘，沒有休息，衝線後和大部分選手一樣在終點瘋狂自拍。那天多雲，隔著雲霧看東方明珠和黃浦江。完成賽事的驕傲和喜悅讓心情特別興奮，我想以後再經過環球金融中心，我都會心懷驕傲的。跑帝國大廈的心願還未了，執筆時也快到報名的時候了，這賽事的報名要求特別嚴格，其中還提問參賽者：「為什麼我們要讓你參加？」希望這次的跑樓經驗會是一個有力的幫助！

終點俯瞰黃浦江的景致。

以後經過這大樓都會有一種特別的滋味。圖為好友譚凌杰先生的航拍照。

登頂峰

The best view comes after the hardest climb.

- Anonymous

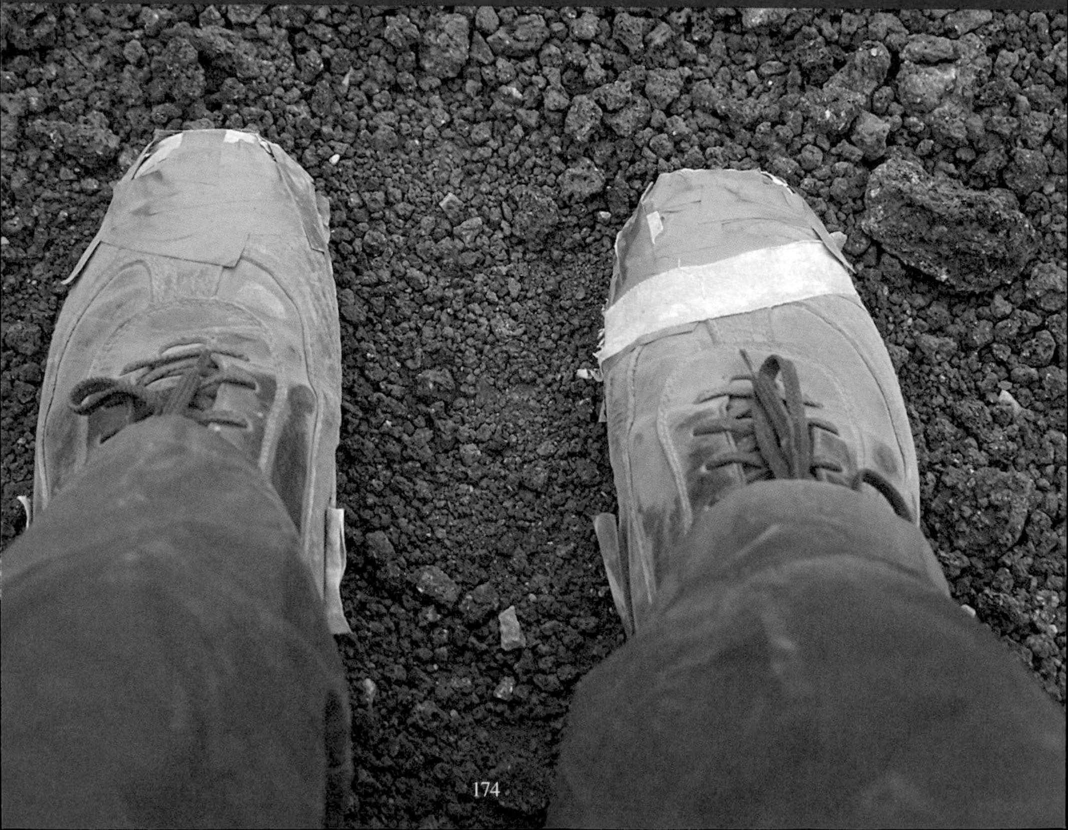

當天行走的須走線從五合目一直到十合目的山頂。

我坐在富士山的最高點，低溫把臉都凍僵了，腳上的鞋子已經走到快成碎片，但這些都變得不重要，我注視的是將要出現曙光的方向和無比安靜的地平線。

攀上高山一直是想完成的事，經過辛勞，在最高點往下看一覽無遺的景色，那是一種讓人神往的感覺。攀登的難度愈大，登頂後的滿足感就愈大，這樣看來，登珠峰應該就是最棒的了。但先不說是否有生命危險，登珠峰要花好幾萬美元，再加上幾個月的培訓才能嘗試，對很多人來說是不太可能的事。但其實離我們不遠有一個極富盛名的山，攀登難度雖無法和珠峰相比，登上其頂峰也得付出一定的體力和時間。

我是在看國家地理的紀錄片時，看到一個專門協助登富士山的嚮導團體「Fuji Mountain Guides」。片中的影像讓我燃起登這名山的衝動，在網上找到他們然後就訂了一個行程了。FMG在六月底到十月中，每週基本都有登山團。我剛好趕上富士山封閉前的九月初登山。

臨行前看了登山導遊發來的指南，說山上風很大，最好穿比較密封的鞋，我才想起登山鞋早就爛掉被我扔了。家裡有比較新的球鞋和跑鞋，但是都是很透氣的。最後找了雙不透氣皮質的休閒鞋，鞋底雖薄但有點鋸齒紋路，感覺還是滿抓地的；衣服則帶了之前為阿拉斯加之旅買的厚衣和褲，手套和帽子也有了。我登山的時間是九月，山腳下的溫度還是二十幾度，但山頂卻是零度以下，厚衣物重要極了。我另外在網上訂了登山拐杖，還有戴在頭頂的手電筒，這在日出前可發揮作用。訂購的裝備導遊在登山前都會發給我們。收拾好行李，第二天就往東京出發了。

山路上的砂石讓攀登更難，也考驗鞋子的堅韌。

從日本海拔最高的旅館外眺望。

登山當天，集合後我們坐上專車，花了兩小時多到了山腰。發完裝備，簡單地講解後我們就從富士山的五合目出發。

同行的都是歐美人士，年紀最大的應該有七十多歲，最年輕的約二十幾歲。行程初段我都和比較快的年輕團友一起；兩名導遊則在大隊的一前一後。山路都是大大小小的石頭，還有碎石砂子，這樣的地質對鞋子的要求滿高的。過了一個多小時的攀登，我們到了休息站。停下來後我發現我的鞋底居然破了，我的襪子竟可以碰到地，鞋子應該是被石子一點一點地磨破了。導遊看到我也擔心了，因為我們才完成四分之一的上山之路，而且他說下山路段對鞋子的損耗將會更大。他的原話是，「Your shoes will be shredded when you go downhill...」那我的腳是不是也會碎掉？另一導遊說他有纏電線的膠帶，我就借來把鞋子破了的地方黏

客棧裡都是來自世界不同國家的登山者。

起來。此時隊員已經要再出發了，我從隊頭落到隊尾了，繼續硬著頭皮往上爬。接下來的路比剛才的更陡峭，石頭更小，每一步踩下去，鞋子都陷入碎石子裡。山路愈來愈陡了，有個地方就像踏進流沙一樣，我完全找不到支撐點，這樣行走要比平常累好幾倍，我已經開始覺得腿不屬於自己了。

又走了三個小時，我們終於到了當晚要露宿的營地，這是整座山唯一還營業的旅館。我進去時，大部分團員都已經被安排宿位了。二十多平方公尺的房間，只有一條小走道，剩下來的地方都是床，嚴格來說是兩層大木框。巨型的雙層床上在晚上將會睡四、五十人，每個人都在睡袋裡，一個靠一個地睡，像罐頭裡的沙丁魚。山上沒有淋浴設備，還好天氣冷，爬了一天大家也沒有太多體汗。這小山屋還提供晚餐，用餐時團員終於有機會多互相認識一下。當日有來自新吉

左：客棧的床位，幾十人將會擠在這個狹窄的空間裡。右：登山者祈福的鈴鐺。

奈爾、英國、澳洲、美國的朋友，我反而是唯一的亞洲人。除了我的國籍，我的鞋也變成大家的焦點。我利用這個晚餐後閒話家常的機會，趕快修鞋。

我用了剩餘的膠帶纏鞋子，把整隻鞋從本來的棕色變成鮮藍色，修好鞋子時，團員基本上已經入睡。我到我的宿位，兩層的床架已睡了好幾十人了，就剩下我的那個肩膀寬的宿位還空著。為了不吵醒旁邊的人，我用最慢、最輕的動作鑽進我的睡袋。就這樣，我看著天花板僵硬地嘗試入睡，這時離出發也僅剩四、五個小時。看到旁邊呼呼大睡的人，我羨慕極了。

第二天三點多我們就要起來。這裡有個要投幣的廁所，以化學方式分解排泄物。廁所基本上沒有異味，真不得不佩服日本人的衛生。洗漱完我們收拾好，就出發往還有幾十公尺垂直距離的頂峰前進。前一晚修補的辛勞還是值得的，因為我的鞋子一路上也並沒有什麼異樣。我們那麼早出發就是趕著日出前到山頂看日出。在富士山頂看的日出叫「御來光」（Go-rai-gou），指的是在富士山頂峰看到日出時閃耀的璀璨。富士山在日本人心中有神聖崇高的地位，御來光也被視為一種吉兆與恩典。

導遊準確地算準了我們到山頂的時間，離日出大概有十五分鐘。富士山的山頂原來有一條像小村莊的商店街，這些店鋪每年就在夏季的兩、三個月營業。我們登山時已臨近封山，所以店鋪都關了，加上寒風颯颯，登山客稀少，山頂在日出前難免有點淒涼的氣氛。我用餘下的十來分鐘，占了一個向東的高位靜待日出。當天雲量不少，我們並沒有看到從地平線上升起來的那種日出。太陽是從雲裡出現，儘管不是最完美的日出，雲朵倒是點綴了整個風景。從日本最高峰看到箱根有名的蘆ノ湖，這湖正是看富士山的聖地。從山頂這高度，湖面剛好反射太陽，雲朵的飄蕩，太陽高度的改變，在湖面上變得閃爍燦爛。我用剛買的全幅照相機，可以看到寧靜的靜岡縣的街道，天氣好的話甚至可以看到東京。那天真的挺冷的，後來看到自拍的照片，臉都冷僵了，樣子看起來像老了十幾歲一樣。

下山時，也是考驗我的改裝鞋的時候了。我的鞋底其實已經被磨得很薄，每一步我都感覺到石頭的質感。眼看著穿正規登山鞋的團員愈走愈遠，我卻孤單地挑戰著自己的體能和鞋子。此時頗慶幸團裡有兩位長者，我才不至於墊底。

最後總共花了四個多小時到山下，這時間長度都可以跑一場馬拉松了。我這雙鞋帶來的挑戰也讓登山、下山多了份特別的回憶。到了五合目，我看到已經在吃午飯的團員，他們都為我的出現而喝采。我也拿到了登上這座世界知名山峰的證書了。但其實最有價值的並不是這證明，而是排除萬難登頂後的愉悅，還有在頂峰等待日出那一刻的寧靜。

雲層裡的御來光照耀著山下剛甦醒的靜岡縣。

攻克恐懼

I learned that courage was not the absence of fear, but the triumph over it. The brave man is not he who does not feel afraid, but he who conquers that fear.

- Nelson Mandela

現場幾百人聚焦在演講者身上。不少調查發現演講是很多人懼怕的事情。

小時候還沒有網路，那時長途電話很貴，家人會以錄音的方式把留言錄下來，然後把錄音帶寄給在外國留學的姊姊。但這是我最怕做的事情，有次我勉強錄了兩句話，說：「我講話結巴，我還是寫信給你吧。」錄完後就被爸媽罵了。小學時老師在班級中推派小朋友參加講故事和朗誦比賽，也肯定不會有我；應該說如果要讓老師列出最不可能參加的同學，我肯定上榜。

後來以為自己長大了，膽子也大了點吧，英文老師推薦我去參加辯論比賽，我居然答應了。在練習賽中，老師的評價是：「You were very nervous.」後來我的隊友也說他們很緊張，但是我卻看不出來。到了正式的校際比賽，我在總結時居然沈默了十秒之久。那時腦海一片空白，完全找不到合適的字句。臺上的隊友和對手、臺下的評審以及上百名觀眾，就這樣等了我

20 秒 20 頁。不到七分鐘的精準演講。

十秒。那十秒可能是我這輩子最長的十秒，當時只想趕快逃離。之後我用顫抖柔弱的聲音勉強說了一些不太重要的論點，結果我們學校慘敗了。之後幾個月都有陰影，我再也沒參加任何辯論賽了。

很羨慕那些天生就是演講家的人，他們出口成章而且充滿了感染力。自問永遠都不會是這種人，更糟糕的是，我感覺自己DNA裡就有恐懼公開說話的基因。但在這年頭，畏懼講話是很吃虧的事情，於是我逼自己參加了一些訓練，大部分都要硬著頭皮完成。有一次還逼自己參加了一場公開演講比賽，一個人在臺上，不能看稿子，對著臺下三、四百名觀眾。過程中我感覺掌心冒汗，心跳都要比短跑時還要快。現在想起來，真佩服我那些小學同學，小小年紀就可以從容面對臺下幾百人講故事。那次比賽我講的主題是創業，當時雖然有一份不錯的工作，但可能受到父親的影響，總想自己創業。所講內容都是我內心的真實想法，也可能因為講得比較激情，雖然緊張透頂，最後還僥倖得了個小獎項。

然而，面對公眾講話的緊張並無因此消散，後來也上過一些培訓。又有一次，訓練教師推薦我去參加一個Pecha Kucha形式的公開演講。這形式是二〇〇三年在日本興起的一種方式，要以每頁二十秒的速度說完二十張圖片。最具挑戰的是，翻頁的人不是演講者自己，而是交由專職時間專員，二十秒講不完一頁也得馬上說下一頁。這個The art of concise presentation的概念目前已傳遍全球一千多個城市。

我在那次演講就說了關於目前這本書的計畫，主軸是說如果有願望就不要等著，要立即行動。這也是我想說的內容，所以

近幾年 TED 的流行讓上這個舞臺成為不少演講者的目標。

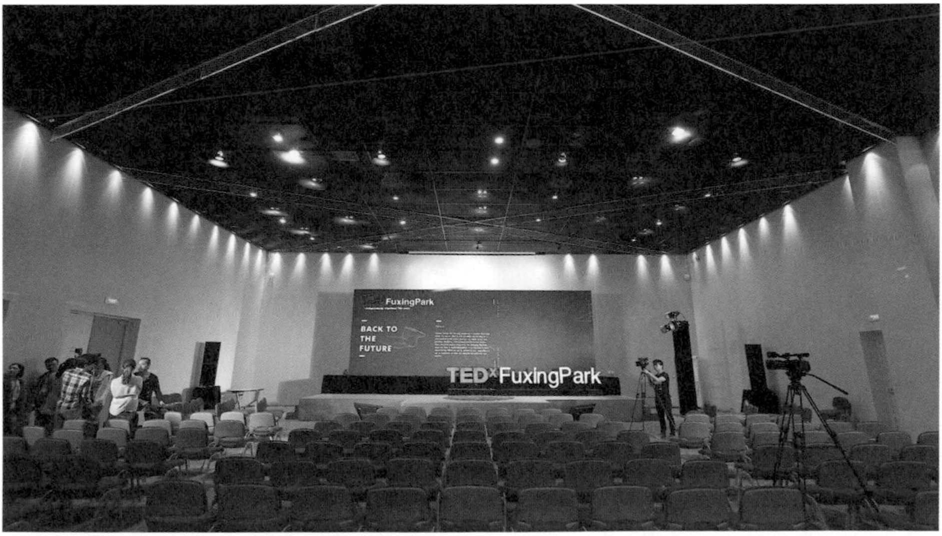

時間提醒讓本來已經緊張的演講者更加焦急。

說得也比較有激情。雖最後順利完成，但緊張的心情還是難掩。經過那麼多年，即使上多少的課，又有多少次經歷，就算演講已變成工作的一部分，但心裡清楚自己還是無法泰然自若。但多年來也算總結了一些對自己有用的經驗，比方說事前的練習，對題目的熟悉和激情，以及Pecha Kucha崇尚的Less is more原則。既然知道不論如何都會恐懼，那就只有預期它的出現，甚至把它當成讓自己振奮的力量。

執筆時，我正自薦參與在上海舉辦的「TEDx」演講大會，TED的口號是「Ideas worth spreading」，是一個極富盛名、備受尊重和關注的演講系列。除了內容精彩，演講者的演講技巧也是很多人學習的榜樣。我自薦的是一場TED授權在上海的演講會，與其他TED演講一樣，所有演講者都需要經過多次訓練，演講內容也需要多次

TEDx 復興公園演講主題為「不可能的任務—再忙也要追尋快樂和幸福」。掃描 QR Code 即可觀賞。

的修飾，希望這次難能可貴的機會可願望成真。如果真的站在那舞臺上，估計還是難免忐忑，但同時也應該會以興奮的心情，把有意思的想法傳遞給臺下的聽眾。

後記

這次TEDx演講的內容就是這本書，因為是熟悉且熱愛的主題，加上演講前我的樂隊還作為表演嘉賓助興，緊張情緒在打鼓時已經被釋放了些。這對減少恐懼有很大的幫助。

演講的最後，我說會送出幾本親筆簽名的書，現場反應居然異常熱烈，估計有一半的觀眾都舉起手示意想得到。這和高中時代的十秒冷場反應成強烈對比。我對演講的恐懼雖然沒有完全消失，但截然不同的現場反應也算是個安慰了。

垂直馬拉松之二

Life it is not just a series of calculations and a sum total of statistics, it's about experience, it's about participation, it is something more complex and more interesting than what is obvious.

- Daniel Libeskind

最讓人驚喜的事情，是在絕望的時候又看到曙光。

當初跑垂直跑的原因是帝國大廈。第一年登記時，我在報名表格上還要填寫為什麼主辦方要選我為跑手，這就像面試被問「為什麼我們要聘請你？」一樣。我就寫了自己的運動經歷，會如何幫他們在亞洲宣傳這賽事等等，儘管寫得那麼偉大，到最後還是沒被錄取。

第二年申請帝國大廈跑樓，主辦方回覆的郵件的一開始是「Thank you……」，果然又被拒絕了。然而兩週後，突然收到另一封郵件，開端是「Congratulations！」再看內容，我離奇地被錄取了。估計是主辦方真的想在亞洲推廣這個賽事，所以就把名額給我了，我成為唯一一個從亞洲遠渡而來的參賽者。

帝國大廈的大堂裡，跑者等著起跑，每個人相隔約 5 秒出發。

一直都覺得帝國大廈是個神級的建築物，原因是太多電影都與他有關。不只是電影，就連廣告或很多和美國有關的資料都會以帝國大廈作為主題。我去過紐約多次，卻從來沒有去過帝國大廈，這次終於有機會和它近距離接觸，就連住的酒店也安排在附近。

比賽的時間是農曆新年的大年初五，由於要和家人過年，所以只能儘量延遲到達紐約的時間，一直到初四晚上才入住紐約的酒店。進房間後推開窗戶，居然發現帝國大廈就在我的正對面，真有點像偶遇夢中情人一樣，連忙拍了多張照片。

第二天就是登樓日，幸運的是，跑樓的時間是晚上，我勉強有約二十小時來調整時差。跑樓的時間也不是亞洲的深夜，否則真擔心會在半途暈倒。

在Rockerfeller Center拍攝的紐約傍晚景色。不管有多少新建的高樓，帝國大廈永遠都是紐約的標誌。

之前來紐約都是出差，每次都是匆匆忙的，登樓日的白天，我才第一次以遊客身分遊紐約。領取了賽事選手包後，就去找合適拍帝國大廈的地方，最後來到Rockerfeller Center。如果沒有這棟大樓，帝國大廈也不會長成現在這樣，因為我們現在看到的帝國大廈的塔尖，是建築師為了大樓比Rockerfeller Center更高才加建的！三〇年代的紐約可說是當時全球高樓的雲集地。

Rockerfeller的觀景臺也提供了觀看帝國大廈最棒的位置。還沒有天黑就來到這裡，想等到Magic Moment的出現拍攝完才走，結果在黃昏來臨之前，我就因為時差原因睏倦不堪，在觀景臺打盹了。這個小憩倒真的對晚上的登樓比賽很有幫助。睡醒匆忙拍了幾張照我就回酒店換衣服，路上順道買了些麵包當晚餐。這時離晚上八點的

上：與 NYPD 健兒的合影。

下：與頒獎時刻──世界級爬樓健將，擁有驚人的心肺功能。

比賽時間，已經沒多久了。

到了起步點發現百分之八十的選手都是鋼條型身材，也看到幾個身穿有NYPD的警察代表和紐約消防局的消防員代表。NYPD經常都會在電影裡看到，這次近距離看到他們之中的健將還真讓人興奮。遇到這些紐約的紀律部隊精英，我厚顏地要求與他們合影，站在他們中間，我個子顯得特別瘦小。

這次比賽共有三百多名選手參加，我們在起點，每五秒出發一人。和之前的垂直跑不一樣，我沒怎麼超越其他比我早出發的跑手，卻被不少跑手超越。這個賽事的參賽者大部分都是高手，而且由於時差的關係，我這次跑得特別累、也特別慢，直到看到某一幕才又讓我重燃起鬥志。就和跑馬拉松看到盲人和導盲助手一起跑一樣的讓人感動，我看到一個戴著義肢和扶著他的人員慢慢地往上走；那是要有無比的勇氣和毅力才辦得到。這人其實是前一年波士頓馬拉松炸彈襲擊的受害者之一，以她這個速度估計要近兩小時才能抵達終點。不僅僅是時間，體力的消耗也肯定比一般的參賽者多得多。

這個了不起的選手讓我覺得再累也要撐到最後。離終點八十六層愈來愈近了，我聽到頂樓傳來強勁的派對音樂聲。我繼續奮力往上跑，到了終點那層漆黑一片，只有熱鬧的音樂聲。為我打氣的工作人員愈來愈多，我聽到的喝采聲也愈來愈大。經過兩個彎道後，我居然聽到主持人用類似介紹拳擊手出場的誇張語氣宣讀我的名字和居住地，這可是在過去參加過的各樣賽事中沒有過的特殊待遇。就這樣，一個期盼已久的項目就在二十分鐘的賽事中結束，賽後頓時有點空虛，彷彿少了一個目標似的。現在回想已經是兩年前的事，空虛感沒有，倒是有了一段永遠伴隨的難忘經歷。

想參與什麼賽事，想體會什麼過程，就盡力的找到參加的門路吧。即使再不容易參加的活動，說不定幸運之神很快就會讓你參與其中。

Sleepless in Seattle、Oblivion、北京愛上西雅圖等電影都出現過的觀景臺。

環保挑戰

There is no such thing as "away". When we throw anything away it must go somewhere.

- Annie Leonard

在一次與朋友聊天後，對一次性塑膠有了全然翻轉的看法。原來這些貌似看起來無所謂的塑膠瓶、塑膠袋、吸管，甚至很多人不知道有塑膠成分的紙杯，其實不是如我們想像的無所謂。

那次聊天，我和這位熱愛環保的外國朋友談起我寫書的事情，說到書裡有一些關於個人挑戰的事情。我問他有沒有什麼事情既可以挑戰自己，又可以為環保出點力。他跟我說了他創辦的環保機構正在宣傳的一個活動，鼓勵人們一個月內不用一次性塑膠。聽完朋友說了塑膠對環境的影響，同時也想支持一下這位離鄉背井的朋友，我就決定接受這個挑戰了。為了增加執行完成度，我說如果我犯規，一個月的挑戰期將會重新開始計算。

結果，比我想像中難得多。

自從塑膠被發明後，第一件塑膠產品到現在還沒有被分解，現在仍在地球某角落存在。

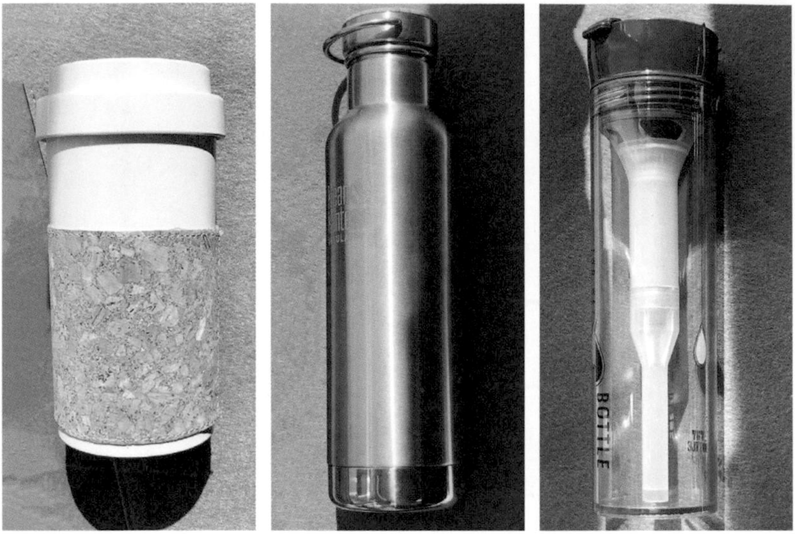

漂亮耐用的環保瓶子。

參加這個挑戰之後，我嘗試完全不喝瓶裝水，到哪裡我都帶著自己的杯子。早晨出門前把水裝滿，一到能補充水的地方就趕緊把瓶子添滿。這樣比較有意識的去儲備水，反而養成多喝水的習慣。

另外，我也特別留意人們如何用瓶裝水。比方說一場十個人的會議可以在一上午喝掉二十幾瓶水，原因不是這些人口渴，而是有不少人喝完兩口後就分不清楚自己的水是哪一瓶，所以只能再開一瓶。還有拜訪客戶時，客戶的員工很自然地會拿一瓶水給我，這些禮儀用水我們平常喝兩口就不喝了。需要幾百年才能分解的垃圾，就因為我們圖一時方便而不斷產生。

現在開會、逛街，甚至拜訪客戶我都會帶著水杯。有朋友笑我像老幹部，其實好不好笑取決於自己的信念，但除了信念外，還有其他問題要克服的。像是有幾次出門就忘了帶水瓶，而讓我印象最深刻的是在歐洲出差了一個星期，而且沒帶自己的水瓶，同事紛紛要給我瓶裝水，我一一回絕。那時其實我已經挺口渴的，最後我還是找同事拿了一個作為贈品的陶瓷杯裝水。

但有時候信念還是敵不過對衛生的重視，有次出差本應可以喝酒店免費的瓶裝水，但我還是選擇燒自來水。但燒完之後壺裡居然有一層油脂漂在水面，最後只好屈服喝瓶裝水了。我犯了規，時間只好從頭開始計算。為了解決這個問題，我特意找了一個能過濾和消毒的瓶子。在北歐旅遊時我一路帶著，甚至在公共洗手間裝水都用這個水壺。

除了塑膠瓶，不用紙杯也是挑戰之一。不少人覺得拿著紙杯喝咖啡既潮流又環保，甚至在店裡面大家也習慣用紙杯。其實紙杯是很難分解的，因為裡面的那一層聚乙烯防水層，讓一般的回收工序無法操作。不少店員都沒有習慣問客戶要紙杯還是陶瓷杯，好幾次在點飲料前，我問有沒有瓷杯，店員卻回以困惑的眼神。飛機上、飲

一週的一次性塑膠垃圾，試想像一下，一年下來會有多少？

水機旁、辦公室裡都充斥著紙杯，也許很多人以為紙杯是可以像廢紙一樣回收，但這其實是個錯誤的理解。

另一個艱難的挑戰還有塑膠袋。在不少的政策下，人們慢慢習慣帶購物袋。但現實還會有一些讓人費解的情況，比方說我在便利商店買了四顆茶葉蛋，店員居然用四個塑膠袋獨立包裝，買麵包時，也是一個麵包一個袋子。所以要一個月完全不用塑膠袋其實沒有那麼容易，真的要貫徹的話，恐怕要帶上自己的餐盒出門。有一次我在公司旁點外賣，我真的像工廠工人到飯堂一樣帶了一個餐盒去，店員一開始也想不通，但是最後我的另類行為似乎感動了她。

還有一種塑膠製品，就是肯定不會再次被使用的吸管。也許很多人因為吸管的纖細而忽略了它的禍害。不久前看到一部短片，有一隻海龜意外將吸管吸進鼻孔而瀕臨死亡，救援人員最後很不容易地用鉗子取出，海龜的鼻孔都流血了，吸管污染海洋的罪行可見一斑。要不用吸管，首先就是在買飲料時不要拿取，但我也碰過餐廳的服務生順手把吸管放在可直接飲用的飲料杯裡，因此讓我犯規了。後來我都得特別向服務生提醒千萬不要給我吸管。

做這挑戰最需要的就是強大的意志和自律。有人可能會說你帶杯子像老人家，也可能會有人問你是不是太極端，遇到這樣的情況，我會禮貌地回答：「我們正不斷製造要花幾百年才能分解的垃圾。」說完真的會對自己的堅持而驕傲的。

我在第四個月終於達成連續一個月不用一次性塑膠製品的目標。粗略估計我比

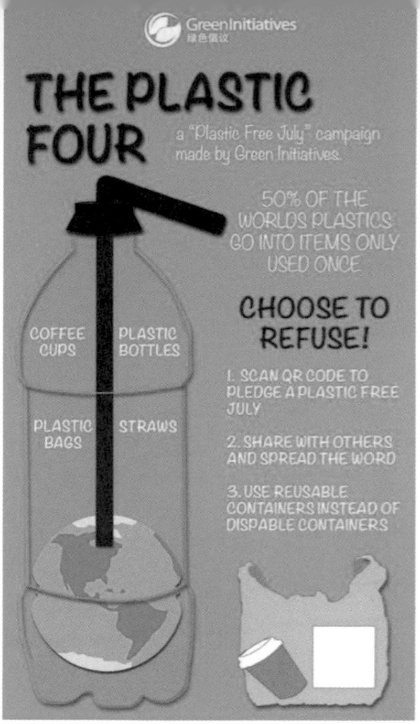

Plastic Four，不是驚奇四超人 Fantastic-Four，破壞力不容小覷。

一般人在四個月內少用了一百個水瓶、八九十個紙杯、五六十個塑膠袋、二三十根吸管。這次能完成是一件艱難但深刻的事情，自此我對一次性塑膠，或者說對所有一次性物品的看法都不一樣了。我會思考是不是真的有必要使用，也會想這些圖一時方便使用的東西，到最後會到哪裡去。這些垃圾最後可能會變成一個新大陸，就像太平洋裡一個面積比七個法國都要大的塑膠垃圾島，因為海洋水流的關係，很多世界漂流的塑膠垃圾都聚在那裡了。

我們的一口水或一杯飲料用到的塑料杯、一顆茶葉蛋、一個麵包、一件一次性雨衣，下雨天百貨公司提供的一次性傘套、住酒店一晚所用的洗髮精和沐浴乳的小瓶子、我們吃外賣只用一次的餐盒……。所有我們製造的垃圾都不會就此消失。除了能回收的一小部分，大部分都會在地球某角落待上幾百年污染環境，危害大自然。

下次在用這些東西前，我們都三思吧！

鐵人三項

Almost drowned, crashed the bike, puked on the run. When's the next Tri?

- Anonymous

跑過馬拉松後，一直想參加鐵人三項，但這一直只是個夢想，因為我幾乎不會游泳。但就在不久前，這夢想終於變成真實。

三鐵的賽事順序是游泳、單車、跑步。賽事的距離有很多種，但是不管多初級，參賽者都要在公開水域游上幾百公尺。泳姿不正確的關係，我在泳池游五十公尺都氣喘吁吁。從來沒系統性地學過游泳，直到執筆前一年誤打誤撞又學起來。第一節課教練問我的目標，我說要參加鐵人三項時，她尷尬地笑了一下。斷斷續續學了幾個月，沒想到有次在一個小游泳池突然感悟了，呼吸和泳姿好像變協調了，腿也不那麼累，感覺一直游都可以。就像學騎單車，從不會到會就是一瞬間，動作順了也就不恐懼了。雖然這次頓悟是很振奮的事，但當時也明白，這和在三項裡的公開水域游，完全不可相提並論。

海泳必備的膠衣，不舒服但防寒。

三鐵的想法一直仍飄在空中，直到參加北韓馬拉松後遇到一位經常參加三鐵的跑友，他說有個入門版賽事我可以試試。雖然沒有太大的完賽把握，我還是報名了，但是我只剩一個月來準備比賽。

在這一個月裡，最重要的事情就是在公

開水域試水，以及買一臺單車。試水讓我體驗到公開水域的可怕；買了車，儘管是部廉價的，也讓我提前感受騎公路車的分別。騎公路車得彎著腰，小小的座墊，讓腰背和屁股特別不舒服。急忙地準備後，比賽日悄然而至。三鐵的報到日在比賽日的前一天，主要是要驗身和驗車。三項是一個對體能要求較高的賽事，大會為了謹慎起見，要求新手提供過去一年的馬拉松完賽紀錄或體檢報告。我過去一年只跑過半馬，所以就在報到時提供了之前做的體檢報告。沒想到現場的醫生對報告中一項心臟診斷提出質疑，要拒絕我比賽。我著急地解釋，說之前諮詢過體檢醫生，這一項並無大礙。現場的醫生卻說，除非我馬上做一個心電圖檢查，否則就不讓我參加。

沒想到我的廉價單車需要 2 小時的調整才能通過驗車。

那時離報到的關門時間只剩下三小時，我連忙打車到附近的醫院，一路上心情緊張，感覺心臟真的有問題了。此時我才知道自己有多麼的想參加這比賽。檢查結束後，我著急詢問結果，這反而讓醫務人員覺得奇怪。他問：「為什麼那麼焦急？」我支支吾吾，最後還是說出鐵人三項比賽獨缺這份報告。後來拿到報告，我看到最美的幾個字：「心電圖屬正常範圍」。我連忙趕到報到現場，心情放鬆又興奮。現場的醫生看了下報告，我終於拿到選手包了。但是之後驗車時，單車還要調整，也花近兩小時才調到符合比賽標準。

騎車居然是最耗體力的一項。

本來以為半小時能搞定的事情，結果辦了一整個下午。賽前之夜我滿腦子想著第二天要帶的物資；和很多第一次參賽者一樣，睡得不太好。

比賽日當天，鬧鐘沒響我就醒了。我準時到達換賽區，也就是停單車的地方，接著再到起點的海灘。那時已經站滿比賽的健兒們，一眼望去幾乎全都是體格健碩的選手。集體熱身後，參加全程的運動員先下水了，我是入門版的半程，要等待半小時後才開始。此時我的心情就像上戰場前一樣，天色昏暗，海水混濁，我站在海邊，像《Saving Private Ryan》（臺譯：搶救雷恩大兵）開始時，快要登陸諾曼第的軍人在登陸艇裡，等著前面的艙門打開，等著步入未知的海域。半小時後現場傳來半程賽的倒數聲，周圍的選手興奮又緊張，隨著倒數拍手和高呼，嗚笛一響，我們就往前衝了。

下水後，聽到的就是自己的呼吸聲，看到的就是周圍其他人的手和腳。我不知道我的手拍打到多少個人，也不知被多少人的腿蹬到。我游的是自由式，所以比游蛙式的人快，要繞過他們踢蹬的蛙腳真不是件容易的事情。游泳最害怕的不是游得慢或游歪，而是在海裡抽筋。跑馬拉松抽筋可以在路邊歇一會，但是在海裡抽筋就不一樣了。我保持均勻的速度，雖然喝了幾口水，但最終還是順利到了上岸地點。整場比賽還沒有結束，但我已經覺得勝利在望。現在想來，那真是過早的興奮與天真。

上岸後，頭有點暈、腿也有點軟，沒多久有自願者問要不要幫忙脫掉游泳保暖用的膠衣。我躺到地上，兩名自願者一人一褲管地把我的膠衣從雙腿拉出。我享受了幾秒的愜意後便馬上站起，再跑往換賽區尋找我的單車。

折騰一番後，我才把車推到賽道上，上車後以最快的速度疾馳。記得在市區試車時我這部單車快得像機車，但是在三鐵的賽道上，我這部廉價車卻變成獵豹群裡的小羊。一部部賽車從我身後超過我，他們或是全程的高手，已經早在賽道繞了一兩圈，要麼就是游泳較慢的半程參賽者。反正我能確定的是，他們的車子比我的好。我終於知道為什麼有人要花新臺幣幾十萬元買單車了。

半程的賽事要騎二十公里，並在指定的賽道繞兩圈。我可能被一、兩百部車超越，而我超越過的車卻只有兩輛。車子不快，我只好用力踩，我也沒想到騎車這個項目居然如此艱難。好不容易到了換賽區，我將車子停到指定位置，就要開始最後的項目——跑步。

五公里在平常情況下，是不怎麼費力的事情，但在游泳、騎車後再跑步，地球引力突然好像大了好幾倍，雙腿也變得麻木。還好平常有跑步的習慣，才不至於崩潰。我帶著預先放在單車上的電話，告訴在終點附近的太太，我大概什麼時候衝線。在電影《100 Meters》（臺譯：100公尺的人生）裡的最後一幕，是患有絕症的主角牽著家人的手，在比賽關門前的最後幾分鐘衝線。我這次雖然還沒有那麼艱難，但是最後和家人一塊衝線，尤其是牽著女兒跑最後的三十公尺，還是充滿令人難以忘懷的喜悅。

這次實在是一個奇妙的經歷，從覺得不可能參加三鐵直到完成比賽，也不過就是一個月的時間。我在賽後感謝了把這賽事告訴我的那位北韓馬拉松跑友，他說：「歡迎正式入坑。」我笑著認同他的說法。

和家人一起衝線是整個比賽最激動和感人的時刻。

學所愛的

Chapter 5

ENLIGHTENMENT

很多心理學者認為人有改善自己的天性，我們透過學習，看到自己進步自然會產生愉悅感和滿足感。這裡說的學習內容，並不一定是學校的課文，而可以是一些你喜歡的藝術或技能，又或是語言和運動。反正就是你喜歡的，或曾經感動你的內容。

我寫了幾個大家可以考慮的技藝，如拍照和做菜；而還不懂樂器的讀者，是否有想過要學，但又打消念頭呢？一篇關於一個快三十歲的人才開始學樂器的文章也許會有點啟發作用。我還把部分的學習項目歸納到一些較有意思的標題下，希望讀者可以留意平常打動自己的事物，說不定也可變成一個學習的目標。

相信不少人聽過Malcolm Gladwell的一萬小時定律：「精通某樣技能，必須要花一萬小時來練習。」我這個章節所說的可能更接近一個新詞彙「Micromastery」，學習好幾樣技能到比一般人高深的地步，而非只精通一項。那麼我們該投入多少精力學習這些技能呢?反正這裡並沒有固定的答案，讓學習增加快樂和幸福感就可以了。學習同時還可鍛鍊腦力，延緩腦部衰退。多學習，創造更多快樂的機會，並鍛鍊保留更多快樂回憶的能力吧。

忘掉年齡，學一樣樂器吧！

If there's any object in human experience that's a precedent for what a computer should be like, it's a musical instrument: a device where you can explore a huge range of possibilities through an interface that connects your mind and your body, allowing you to be emotionally authentic and expressive.

- Jaron Lanier

敲擊樂是個適合沒有碰過樂器的大小朋友學的樂器！

樂器是一種讓人快樂的工具。操控著，並發出美妙的旋律和節奏，進而感動聽眾，那是一件美麗的事情。不少人小時候並非自願學，但是就算是被逼的，長大後大多會慶幸幼年時為音樂努力過，因為樂器和它奏出的樂章都有著無限的魅力。

我錯過了學習樂器最理想的童年，活了快三十年，從來沒碰過樂器，直到去美國念書前的假期才突然心血來潮，萌生學樂器的念頭。自以為手指較長就認定了要學鋼琴，後來找了個教琴的朋友諮詢，談完後她婉轉地說，成人還是不要學鋼琴和小提琴之類的樂器，因為左右手的協調，以及耳朵的靈敏度都是難以一時練成的。那時真想問母親為什麼小時候不逼我去學鋼琴！

受打擊後，有一天經過一間樂器店，那裡有爵士鼓培訓班。那就好像失業者發現了

軍鼓是爵士鼓的心臟。

間正在招聘員工的飲食店一樣。我報了名，上課時才發現自己已經是大齡學生，四節體驗課後，我就請那裡的老師給我開了個獨立授課的課程。就這樣先在香港，後來到了美國，陸續找了幾位老師。

美國的老師還賣了一套二手鼓給我，我把它放到我擠到不行的宿舍裡，閒時獨自在那裡打擊最簡單的節拍，乏味無比。有一次知道幾個同學在招募爵士樂的鼓手，那時我連真正的爵士樂是什麼都不知道，卻厚著臉皮說我在學打鼓，可不可以讓我一起玩。演奏爵士樂其實是高深樂手才能達到的地步，這同學只能笑著婉拒了我。

孤獨的練習無趣而且進步緩慢，還好有一次我的音樂人表弟問我要不要一起去音樂室練習一下，後來我們去了Beyond出道前的音樂室開始了兩人的Jamming，也因他是我表弟，所以打得再爛也特別包容。我表弟是個厲害的吉他手，在他的伴奏下，也能讓一個老是錯拍的新手感覺真的在演奏。是他讓我把瀕臨放棄的興趣再撿回來，本來覺得無趣的事也漸漸變得有意思了。

開始時我只會打最簡單的節拍，覺得能打完一首像〈海闊天空〉的流行曲是不可能的事情。後來逐漸有了與其他樂手的互動，哪怕是最簡單的樂章，能合奏出一首完整的樂曲，也會有相當的滿足感。有了這種滿足感，進步便隨之而來，以前數拍子要說出口來數，現在打鼓時好像心裡多了個節拍器，可以內置運行一樣。現在打〈海闊天空〉最後的六連音也不是那麼難的事情了，而且也可以和樂隊完成一晚十多首歌的演出。

雖然不是從小學樂器的科班出身，但也勉強能說自己會樂器，甚至厚顏一點說自己是個樂手。就像少年成長時，當自己沾沾自喜時，往往會出現打擊自己的外力。那一次生日，和朋友到上海最出名的Jazz club慶祝。我們一直到快打烊時還不願意走，那時臺下觀眾凋零，但臺上還有幾位樂手在演奏。我一個朋友悄悄地問鼓手能否讓我上臺演一曲，我就這樣半推半就坐在鼓手的位置，和幾位素未謀面的樂手演奏我從未聽過的爵士樂章。

我旁邊的大提琴手不停搖頭，他不是陶醉而是示意我節拍錯了，他的不屑表情到現在我還記得。到最後他索性停了，我也之後被請下臺了。尷尬的氣氛讓當晚快樂的慶生蒙上最後的鬱悶。但刺激帶來的震撼，在心情平復後通常會變成感恩。最近我又再開始像個學生一樣，向一位比我小約二十歲的年輕人學習爵士鼓。現在還是孤獨自修的階段，希望真有一天能奏完一首爵士樂的經典

〈Autumn Leaves〉。以興趣為始而學習的好處是，可以不斷追求自我昇華，但又不至於有職業藝術家或運動員的壓力。在無壓力地進行這個興趣時，盡情的投入也可暫時讓人忘掉煩人的事情。

幾年前聽到家裡樓下傳來重複的簡單樂章，後來才知道是來自一位剛開始彈琴的退休老人，雖然是簡單而重複的段落，她也自得其樂。她小時候家裡沒有條件學樂器，到了銀髮之年才開始，而且沒有我當初挑樂器學習時的顧慮。她現在玩樂器純粹為了樂趣，也沒因為自己那麼晚開始而慚愧。說到底，樂器和樂趣的「樂」都是同一個字。

曾打動你的技藝

I love my Saturday coffee the way I used to love Saturday cartoons.

- Nanea Hoffman

記得第一次喝咖啡，一點都不帥。之前從沒光顧過咖啡店，為了省錢，挑了最便宜的Espresso，結果又小杯又苦澀。那次不太愉快的經驗後，很久很久都沒有再喝咖啡，更不曾留意到咖啡拉花了。從本來的陌生、一竅不通，變成每天熱愛做的事情，一切源於一個電影情節，那是新版《青蜂俠》裡周杰倫演的加藤為青蜂俠泡咖啡。鏡頭上一個棕櫚葉拉花圖案的片段，連只有一分鐘的預告片裡都有，可見這幾下輕描淡寫的動作有多帥，也讓我萌生了學這門手藝的念頭。

都說現代咖啡史有三次革命：即溶咖啡、連鎖咖啡店和精品咖啡店。環顧四周，真的多了不少自營咖啡店，這些店家的經營者大多數是咖啡愛好者，其中也不乏拉花的高手。正因如此，要找到高人指點肯定比以前容易得多。

第一次學拉花是在網上隨便找一家離家不遠的咖啡店開設的體驗課。兩小時體驗，七、八個學生，大部分人都拉不出什麼圖案。後來體驗課老師把我加入一個關於咖啡的群組，我在群組裡找到一位一對一的導師。學費新臺幣五、六千元，他說保證能學會！確認前我和導師在線上聊了幾句。

我：「一般要學多久。」

師：「這要看個人。」

我：「我比較聰明。」

師：「我也喜歡聰明的學生！（然後他發了鬱金香、棕櫚葉的圖給我。）」

我：「這些都能學會哦？」

師：「是的，簡單的心形我就不發了。」

我：「三、四節課可以學會嗎？」

師：「差不多，你不是說你很聰明嗎？」

就這樣，我付了學費。因為出差的關係只能間歇地上課，三次課程後，我還是什麼都拉不出，我知道是高估自己的才智了。導師比較厚道而沒有提到之前的聊天內容，快到放棄的邊緣時，他勸我買臺咖啡機在家裡練。他介紹了一臺約新臺幣一萬五千元、體積最小的商用咖啡機，然後再買了咖啡豆和一個便宜的磨豆機，我似乎看到希望了。買回來後，只要不出差，每天早晨我會先做一杯給自己，然後才吃早餐。開始時由於不純熟，大部分還是拉不出好看的花，但如果能拉出一個好看的圖案，我就會興奮好一陣子，連忙把圖案拍下。這樣的小確幸原來會讓人上癮。

現在我每天早上最期待的，除了看看女兒在幹嘛，就是做咖啡了。我做咖啡的時間，就是從開攤（加水、加熱、磨豆），到做咖啡（沖咖啡、打奶泡、拉花），到收攤（倒水、清潔）的時間，從最初的二、三十分鐘縮短到後來的幾分鐘，再到現在可以一、兩分鐘做一杯，算是接近咖啡店的水平了。

經過一陣子，我已經較有把握能拉出漂亮的圖案。這愛好還是需要花點錢，但比起我老學不會的高爾夫球，這投資可算九牛一毛。再想想可每天省下三、四十元咖啡錢，這投資倒是不用一年就能收回。最近還有幾次請咖啡店的Barister讓我試試拉花，他們一開始都會覺得這個人是不是有點問題，但看到我的成品他們都滿驚訝的，也算是平日練習的小成果吧！

學習咖啡拉花的過程中，可以讓自己對咖啡更有研究，也能給親愛的人沖咖啡，雖然一開始挫敗連連，現在覺得這愛好還是很值得提倡的。啊！對了，重點是還可以像加藤一樣帥。有些時候我們會被一些不經意的片段而打動，除了咖啡，我記得

在名古屋遠遠看到一個業餘樂隊組合在街頭賣藝，也記得在美國學Salsa結束後，一個同學和舞蹈老師即興來了段探戈，這些都變成一些日後想去嘗試的事情。平時有沒有一些表面上無關痛癢的片段一直留在你腦海裡？有沒有想過把這些心底的印記變成一些生活上的實際趣味呢？

最難忘的照片

Less is More.

- anonymous

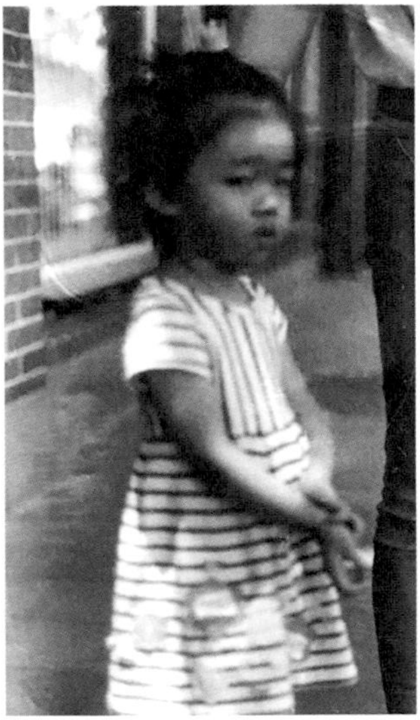

左：復興路上的茶座。 右：剛拍的老照片。

太容易得來的東西反而不容易被珍惜。

不久之前，人們還在用膠卷相機，一卷膠卷就三十幾張，所以每按一次快門都要三思。那時最期待的就是在沖印店取照片，最驚喜的是在眾多的照片中發現佳作。偶有佳作時，會用沖印店的贈券沖成8R的大照片，或乾脆多沖幾張送給親友。即使過了幾十年，也會記得一些沖洗過的照片。

這些情趣在數位照出現後消失了。我一直夢想返璞歸真拍些黑白照，然後自己沖洗，並期待看到作品時的喜悅。小時候滿街都是沖印店了，而且也沒有參加過什麼攝影學會，所以根本沒有接觸過自己動手的黑白沖印。這個願望一直到和一位朋友提起後才開始有實現的可能，原來他父親家裡還有三、四十年前的沖洗設備。買好膠卷和藥水後，我找出爸爸三十多年前買的Canon A1，還好相機還沒有發霉。把膠卷裝上時，那種感覺就像再拾回兒時的玩具一樣，雖然那麼多年沒用但是馬上就知道怎麼把弄了。

當天我挑選了很適合黑白照的上海老法租界一帶來拍攝。武康路一帶有很多的角落還保持著民國初期的風貌。陰天裡的梧桐樹和老房子，再加上四百度的膠卷，應該能拍出懷舊的感覺。拿著膠卷機可以說是且拍且珍惜，一卷膠卷居然花了一整個下午才拍完。

隔了好一陣子才到了朋友父親家去沖照片，伯父第一樣教我的是如何把膠卷放到沖膠卷的小圓盒。裝膠卷要完全在黑暗中操作，結果第一次安裝失敗了，伯父還幫我重裝。接下來按藥水瓶上的說明分別注入不同的藥水來顯影、停影和定影，幾道工序完畢，沖洗後的膠卷就可以被晾乾了。就在這一刻我看到武康路當天的光與影變成三十五毫米寬膠帶上的永久記憶。我再仔細看了一下，發現有不少刮花的地方，估計是之前裝膠卷時弄的，心裡有點難過。那時已經快晚上十二點了，我只好把沖洗照片放到下次了。

數週後的一個週末晚上，我帶著沖好的膠卷再登門拜訪，沖洗照片的室內場景就像電影裡看到的紅色暗房。調好放大器的焦距後，再小心翼翼地把相紙放在其下，接著就是整個沖洗過程中最有趣的步驟。相紙浸在顯影藥水中，單純的灰階慢慢被劃開，恍惚是記憶慢慢浮現的感覺，寂靜的晚上腦海中點滴的思緒也被帶到畫面裡。

沖洗照片本身是個手工活，曝光的時間差一毫秒、焦距差一毫米、顯影藥水濃度的輕微改變，都會讓每一張作品顯得獨一無二。之前說的膠卷上的刮痕也顯示在照片上面，

右：武康路的梧桐樹和 Vespa。

但意外地反而讓這些照片增加了年代感，其中拍女兒的一張對焦不準、還有刮痕的照片，就像是在三、四〇年代拍攝的。

黑白照片把彩色過濾了，把場景人物變得純粹了，主體在沒有色彩干擾下變得突出。我手機裡有一萬多張照片，估計大部分都是女兒的，但卻沒有一張比那張陳舊的黑白照讓我印象深刻。

古老的技術和器材，簡單的黑與白作品，還有一切的不確定性，反而讓拍攝者和看照片的人對照片的體會更深刻並珍惜。黑白照片的拍攝和沖洗是個平靜而難忘的經歷，嘗試後會想利用這方式，繼續記錄生活點滴。

記憶深處的那道菜

Most of us have fond memories of food from our childhood. Food has a way of transporting us back to the past.

- Homaro Cantu

味道總是能在記憶裡保存很久，像是很久沒再去的地方，一嗅到那裡的氣味，很多很多年前在那裡的情景就會像放映機一樣在腦海出現。

舌頭上的味覺也是一樣，最近看「麒麟之舌的記憶」，裡面一幕是一對快要死別的夫妻為了重溫初戀時吃過的菜式，不惜用不菲的酬金請廚師主角再把味道重現。吃完後兩人彷彿頓時回到幾十年前，喜極而泣地擁抱著對方。

每個人應該也有記憶特別深的味道。我的就是小時候最喜歡吃的、膨鬆脆皮包裹著可口豬絞肉和洋蔥的香炸小丸子，極為普通的材料卻是小時候的最愛。這菜的廣東話名字叫「碌傑」，發音像look kid。長大後，每次回家媽媽都會安排家裡做這菜，後來才知道這道簡樸的菜是外婆年輕時在

這道菜喚醒家人對外婆的美好記憶。

材料樸實，但意味深長的家常菜。

澳門家裡常吃的菜。外婆後來和媽媽及親戚們移居到香港，多年後媽媽教會了我小時候當家務助理的菲律賓阿姨做這道菜。當時菲律賓經濟不好，很多學歷很高的女性都情願在外地打工，這阿姨的女兒後來去了我大姊家幫忙，也學會了這道菜。

祖母多年前離世後，家裡會做這道菜的人也都年邁了。自己那麼喜歡吃，但卻感覺快要失傳似的，於是請求大姊讓她的家務阿姨教我，春節拜年時我就去找她討教。原以為是道簡單的菜，原來準備的功夫也不少，光馬鈴薯就要準備很久，然後洋蔥及豬絞肉要炒香，之後再與壓碎的馬鈴薯混合，再炒。待冷卻後再用手捏成小團，沾上蛋液、麵粉還有麵包糠。然後小團一個一個油炸，待變成金黃色撈起上碟。整個烹調過程，包括煮、煎、炸，中間也有過冷水和二次加工。以前吃的時候是順理成章的兩口一個的炸肉丸子，完全沒想過料理者的辛勞。

自己做好的炸丸子，放入口中的那一刻，充滿了回憶，腦海裡不斷出現吃這道菜的情景。包括小時候家裡的飯廳、那張圓桌、椅子上的家人，也想到外婆中午做飯給我吃、送我上學的片段。味覺確實是一個忠誠的放映機。後來從一位比利時的同事那兒知道，這道菜原來是歐洲的街頭美食

Croquette。殖民時期從歐洲傳到澳門，老一輩的澳門人就用諧音的廣東話命名了。而對我家而言，這菜就從澳門傳到香港和上海，也傳到菲律賓去了。現在，我彷彿成為家族裡這道美食的傳承者。

後來在家我又把這道菜做給我的女兒吃，她好像沒想到一直不做飯的爸爸原來還能做點吃的。女兒年紀小，所以好吃還是不好吃，是不加修飾地直接表達，看到她一個接一個的把肉丸子放進口中，那是對廚師的最大的回報。也許當初外婆看到我吃這道菜時的笑容也特別欣慰，而媽媽每次看到我能回家吃這菜也應該特別高興。一代代人對下一代的簡單期望都是不變的，能把這些思緒串在一起的其中一個最好的方法，應該就是家裡的菜。

現在外賣風行，方便是方便了，但是很

自己做的菜會覺得分外好吃，而且連上碟也會特別用心。

不環保，而且這種方便不知道會不會讓會做飯的人口比例降低了。也許這種趨勢都讓我們忘了最樸實的感情其實就來自於家裡的廚房，也忽略了最深處的記憶原來可以透過自己的手和味蕾重現的。學做一道快被自己遺忘的家常菜式吧！也許定下這目標後，你就可以實現它，也可以啟動自己對料理的興趣，並透過自己做的菜抒發感情並承載期盼。

2
1
4
3

靈魂放飛

Four wheels move the body, two wheels move the soul.

- anonymous

On a cycle the frame is gone. You are in the scene, not just watching it anymore, and the sense of presence is overwhelming.

- Robert M. Persig

以前有個會騎摩托車的朋友說，騎摩托車是最愚蠢的事：「人肉包著金屬」。那時不太明白他為什麼還要經常騎。

直到幾年前在關島看到有哈雷出租，心想若能夠在美麗而迂迴的山路騎著哈雷巡行，那是多麼愜意的感覺，可惜我因為沒有駕照而被租車公司拒絕了。但也是從那天開始就喜歡上摩托車的造型，尤其是那些中型的巡航車和Bobber，這些車型也被很多電影使用，就像《Benjamin Buttons》（臺譯：班傑明的奇幻旅程）裡面Brad Pitt開著一部Indian，那一幕沒有對白，只看他騎著車，別無選擇地離開深愛的人流浪去。摩托車承載的不僅是駕車的人，也包含人生思緒。

就是因為這些原因，我毅然地去報考摩托車牌照。在香港摩托車遠沒有在臺灣的機車普遍，不過香港的駕照是沒有分排氣量的，所以考到後就連重型機車都可以開。在上課的第一天，老師問我們幾個學員考駕照的動機，有好幾個人說是為了送貨，其他人說為了代步，也有人像我一樣是為了耍酷的。其他學員年紀都比我小，但我想想《不老騎士》裡的伯伯到了八十幾還去考駕照，我也沒有什麼不好意思了。

為了將來能開大排量的車我選擇學習手檔車，但這也增加不少的難度。學習時手腳不協調熄火、翻車、被排氣管燙到都在所難免。但是對一個駕齡十幾年的人來說最難堪的，就是要穿著反光衣並騎著帶有「學」字的車在路上龜速行進，還被周圍的車超越並被後面的車鳴號示警，感覺就好像明明會走路卻還在學爬行一樣。

路試時，心跳快得要蹦出來，我雙手冒

汗，還好有手套才不至於讓車把滑手。一路雖緊張但表現還算穩定，可是到快結束前的兩百公尺，突然堵車，前面的車急停，我也跟著煞車，此時失去平衡，右腳著地，這是路考中的死亡犯規，惱羞成怒下，我打了油缸一拳，估計緊隨的考官都看見了。之後再排期了三個月後才能再考一次，這次終於順利通過了。雖然考照並非必要，但卻成為一件極興奮的事情，那天終於有藉口吃了一直想吃的半島酒店High Tea作為慶祝。

有了駕照後，做了幾件滿有意思的事情。在羅馬時模仿《羅馬假期》裡的主角租了部Vespa遊遍市內名勝。後來又有一次去了哈雷的故鄉威斯康辛州，借了同事的哈雷出門溜了好久，在廣闊的田園間漫遊。也在香港騎著摩托車到了小時候常去的地方，沈醉在久違但又熟悉的環境裡。我想，現在若真的有機會再到關島，一定要騎著摩托車在日落時沿岸邊巡航。也想帶著父親在上海騎一騎那種掛邊車的摩托車（聽完陳奕迅「單車」的感覺：既然不能和他一起騎單車，一起騎摩托也是很有意思的！）最後還想騎摩托車環臺灣一周，希望這不用等到八十歲才有勇氣和時間來完成。

小型機車是代步工具，但大馬力的重機是種態度，而且好看的摩托車真的會讓人著迷的，坐上去讓人有又投入、又迷失的感覺。開轎車透過擋風玻璃看風景有點像透過電視螢幕去觀看，但是騎摩托卻可以讓人完全置身在風景中。摩托車承載的是一個不羈的靈魂，怪不得我那自嘲愚蠢的朋友還繼續愚蠢。當然，讓你靈魂放飛的事情可能不是重機，而是滑雪、航拍或開飛機，如果還不會，但又是嚮往已久的事情，那就好好計劃如何學習吧。

摩托車帶來的無價時刻。

後記

那種掛邊車的摩托車原來早就在上海市區禁行了，就算在郊區也得要特別的駕照才可以開。好不容易才找到還有收藏這種摩托車的朋友，他也願意讓我借他的車在他家下面的院子裡騎。去他家前我沒告訴爸媽目的地是哪裡，到了之後我才說是要來拍照。他們也許已經習慣我的搞怪想法，非常配合地換上我準備好的皮衣和太陽鏡。騎摩托車原是父母很反對的事情，沒想到最後終能讓他們參與。我和爸爸一起開摩托車的小心願最後也愉快地完成。

重拾一個丟失的興趣

I never look at my watch when I'm sketching!

- Karl Lagerfeld

我們生來就愛畫畫，小孩在學寫字前就先開始畫畫了。之前看到很多同事會把孩子不管畫得怎麼樣的畫，像珍品一樣釘在辦公室，每天看就像看到孩子一樣。畫有觸碰心靈的力量，由此可見一斑。

小時候美術勞作課都是我滿不喜歡的，也許是太多固定形式的作業，也可能自己

在九份幼稚氣十足的寫生，沒想到會有旅客要求拍攝。

手真的不巧，交了那麼多美勞功課都是低分而且毫無印象的。直到有一次美術課，老師讓我們走出課堂寫生，至今還記得我畫的是離學校不遠的一處工地上的一個起重機，背景是斜陽裡的獅子山。那次我的畫終於首次被老師挑來展示在佈告欄裡。

自此後對寫生一直念念不忘。直到多年後有一次去臺灣九份，出發前想到九份錯落的房子很適合寫生，就萌起了去那兒寫生的想法。而在臺北車站裡居然就有一間誠品書店讓我能把畫具買齊。一盒六種粗細的針筆，和一本小的畫本。

到了九份，我找了一間咖啡店，那裡有個居高臨下的露臺，在那一坐，挑了一個外形較獨特的房子我就開始作畫了。

畫了沒多久旁邊的桌子來了幾個香港遊

客，他們坐下開始閒話家常，後來突然聽到：「哇，好用心。」

我估計他們不知道我聽得懂。

我想：「是說我嗎？」

不久又有人說：「畫得很漂亮。」

我嘴角上揚，想著應該是在說我，突然感覺自己變成藝術家了。不過他們的角度應該看不清楚我畫得怎麼樣，所以我也叫自己不要沾沾自喜，繼續畫好了。

經過一小時左右，我的處女作算完成了，其實不算特別快速，更稱不上漂亮了。此時旁邊遊客也起身了，其中一人用國語問我可否借我的畫拍照，我完全沒想到我的作品會有人欣賞，他可能真以為我是藝術家！我很樂意地答應，然後他就把我的速寫舉起，讓畫和前面真實的房子一塊被拍下。此時我真的想把這情景拍下，但為了不搶摘下藝術家的光環，我就忍住沒開口，後來還是遺憾沒有和這位第一個欣賞我作

品的陌生人留影。

自此以後，去很多地方我都拿著畫具，儘管絕大部分的情況我都是忙著各樣的事情而無功而返。想想能夠慢慢把景物畫下，並看到自己的作品從白紙上慢慢誕生，那種奇妙的愉悅感覺，頗有減壓的功能。而且和拍照不一樣，速寫需要觀察你關注的對象很久，這無疑會讓你真的用心去看。在現在數位相機氾濫、記憶體幾乎免費、人們隨意拍的年代，旅遊名勝變得不是用心欣賞，速寫能讓你安靜下來，用心地把景物記錄在紙上和在腦海裡。

畫畫還可以成為一份獨一無二又有意思的禮物。我就是這樣，不管人家喜不喜歡，曾把我的畫送給一個著名的設計師，沒想到她還真的珍藏起來。還有一次我就靠一幅速寫交換了一頓米其林三星晚餐，畫得再醜也可以送給一些絕不會嫌棄的人。

最近與家人出遊，由於行程特別趕，我只能用極快的速度畫了一幅速寫。畫的不怎麼樣，但還是送給了母親。她現在沒有上班的場所可以擺放了，但我猜她還是會放到一個她經常看得到的地方。

小時候發現的天分與興趣，也許因為各樣的原因被埋藏，但要重新挖掘，可能只需一些簡單的工具，一個悠閒的下午，和一次心血來潮。

無價時刻

Chapter 6

MOMENTS

工作愈來愈繁忙，和家人相聚成為一件寶貴的事情。對已成家的人來說，與父母共度的時間尤其珍貴。如此重要的時光我們卻常以飯局來打發，好像在一起就等於團聚，可是這種表面的團聚又經常被手中的高科技打斷，再度形成一種無聲的獨處。

與其不斷重複印象不深刻的聚會，何不創造一些難忘時刻？這一章寫了幾件我策劃的小事情，都不是什麼轟烈的事，但我發現和幾位朋友聊起書中內容時，這些小故事反而變成最突出的亮點。對家人有意義的事情肯定每個家庭都不一樣，這章節寫了幾個我覺得對大部分人都適用的計畫，例如帶父母去一趟難忘的旅程，向父母或你深愛的人說你有多愛他們，或給你的愛人辦一個驚喜派對。

這些事情表面上並不難，但要有勇氣去向你最親愛的人，尤其是對長輩做一些感動的事情，需要一種不怕被拒絕、不怕肉麻的勇氣，這種勇氣可能不比跳傘和高空彈跳小。如果說到這本書中探討的議題「活著的意義」，以及製作遺願清單的其中一個目的「增加幸福感」，和家人在一起肯定能為生命帶來重要的意義和幸福的感覺。我將本書的最終章節留給這個主題，不僅僅是因為其意義深刻且難度高，更因為其重要性。

為深愛的人植一棵樹

Someone's sitting in the shade today because someone planted a tree a long time ago.

- Warren Buffett

不少樹能有超過一百年的壽命，所以為你深愛的人種一棵樹吧，那將會是一份跨世紀的禮物。從樹苗成長為一棵可讓人乘涼、觀賞的樹，種樹本身也是極具意義的事情。

第一次接觸植樹是在一次植樹節，本來有意義的活動卻被主辦方搞得像明星記者會。長途跋涉到了植樹的地方，卻連坐標也沒有，以後想去看看樹苗生長的情況也沒辦法。最可笑的是，我連自己當時種了什麼樹都不知道。

活動結束後，我立志要自己再種一棵樹，女兒出生就是種樹的最佳時機。她在四月份出生，那是春回大地、花朵盛開的時候，我最喜歡的櫻花樹也在這時候盛開。透過朋友的介紹，我找到了一位在上海的花農，聯繫後得知他們有櫻花樹的樹苗，價錢也比我想像中便宜，最重要的是，那位花農即使一棵樹都願意幫我種。

我沒有私人花園，所以只能種在家樓下的小區。雖然在這裡住了很久，可是熟悉的大樓管理員卻離開了，種樹這種要求那麼另類，剛來的管理員估計會覺得我有毛病。但我倒是和小區一位水電工認識滿久的，我向他說了種樹的想法，沒想到他直接說會幫我協調。後來才知道，原來他也是我們小區的園丁！我的請求很快就被批准了。

選好一個星期六的下午，花農把樹苗從郊區送來。樹苗比我想像中的大一點，我帶著女兒一起參加這個植樹儀式，也拍了無數張照片。女兒當時才七、八個月大，所以也不知道我們在幹什麼。

樹種完後，感覺小區裡多了幾分靈氣，我和這棵樹好像建立了一種特殊的感情，有機

每年一次的回訪儀式。

會就會來看看它。我很關注它是不是有長高，所以連續好幾週都在同一地點拍下它的樣子。

三月的一個晚上，下班回家已經天黑了，我一如往常地看了小樹一眼。我從遠處看到樹上多了很多白色的小點，近看發現，果然是櫻花開了，我興奮得像家裡來了新成員一樣，那個週末我們又在樹前拍了很多照片。年輕的櫻花樹開花特別早，花兒也掉得特別快。花沒有了，換來的是大片綠葉，再仔細看，還看到櫻花果實。

現在我們已經搬離這個小區，但是每年回去看這棵樹卻變成女兒生日的小儀式。最近一次回去女兒也終於知道這棵是她的樹了，希望以後她還是會經常來看。到時候還有可能帶著自己的孩子，或年邁的爸媽來看已經長成的大樹。

我回想當初和家人提起植樹這件事情時，有種被冷落的感覺。回頭想想也是，當大家都忙於照顧初生的女兒，我卻提出一些不太實際的想法。但是當櫻花開了，全家在樹旁拍照露出雀躍的表情時，我頓時覺得這世上還是要有些不切實際的人的。希望這棵樹也能為鄰居帶來喜悅，更希望女兒像樹木一樣茁壯、堅定，快樂又美麗地成長。

我們每天都會使用大量的樹。紙張、建築材料、包裝材料都是由木而生，但世界上只有少數的木材來自再生林。樹木除了有各種用途，還可吸收二氧化碳，減緩溫室效應。原先自己植樹的一個原因是希望能減少一些導致溫室效應的二氧化碳，後來才知道，一輛車走二、三十公里所排出的二氧化碳，一棵樹需要一年才能吸收。所以，為了下一代我們還是少開車吧。

自拍全家福

Family is not an important thing.
It's everything.

- Michael J. Fox

我拿著一部Canon-5D，在攝影棚裡看著鏡頭裡的爸爸媽媽露出最美麗的笑容，我希望這一刻能永遠保留。

我總想把自身對拍照的興趣應用在有意義的事情上，曾幾何時我甚至想過辦攝影展，但後來覺得這個想法太不現實了。還是實際一點，把攝影技巧應用在拍全家福吧！至少拍得再差也還有家人看。

專業級的自拍，有賴於租借攝影棚裡的專業設備。

拍全家福可以找攝影師，也可以自己來，我選擇後者，但我想在攝影棚中自拍。上網找了一會兒，終於找到一家合適的，和攝影棚老闆溝通了一下，到現場看場地後，我就繳了全款。時間挑在農曆新年假期的尾聲，那時美籍老闆要回家去，只留下他的韓籍助手留守。

拍攝當天，從事護膚品業務的大姊安排了家中幾位女家眷到其零售店化妝，幾個女人在店裡就像登臺前的明星。後來連我爸也上粉了，平常嚴肅的爸爸居然顯露出一點脂粉味。看到家人都悉心打扮，我作為活動發起人和攝影師，感到欣慰和緊張。

我們準時到達攝影棚。第一件要做的事情就是挑背景色，每個人都有不同的意見，但作為攝影師的我，當然也要拿出專業的判斷，那就是讓攝影師助理建議。挑了個

深色背景後，我們開始第一套服裝的拍攝，我先請了較活潑、孩子較大的大姊一家先拍攝。開始時，他們三人對著鏡頭也不知該擺出什麼姿勢。我想起之前在參與公司的產品照拍攝時，看過攝影師如何引導模特兒，我就用類似的方式，自己先擺出姿勢，讓家人覺得擺造型是很自然的事情。

拍完後，我馬上給家人看看拍出的效果，他們都驚訝自己的專業表現，之後大家就愈來愈自然，也開始投入了起來。於是我就再讓大家擺出更多的姿勢，如靠背站的、老公抱起老婆的、也有互相對望的，這些平常覺得肉麻搞笑的動作，大家居然都很樂意地擺出來，其他家人看著模特兒的表現也報以笑聲和鼓掌。後來大家不需要我指導動作，也能擺出又溫馨、又有創意的動作和表情。那天我除了是攝影師，也是動作指導，同時又是模特兒，忙得很，但特別有意思。

我們除了正裝，還有Smart Casual（半正式休閒裝）和休閒服裝。十一位家人，共八位大人、一位青少年和兩位小孩、四個家庭。各人先後換上三套服裝，再分別拍攝個別家庭照和大合照，這樣已有十五組照片了，再加上有人要拍獨照，三個多小時的拍攝時間充實得很。大家相互鼓勵，自我陶醉，在不停的笑聲中度過一個非常難忘的下午，而見證這整個下午的，還有近一千張的照片。

過了幾年後，我們再試了一次這個自製全家福的活動。其中一個原因是我女兒出生了，而且也長大了點，可以聽從指揮，而且也不會亂跑了。這次小小的她彷彿一個會動的玩具，成為家人們的新寵和道具。拍出來的幾百張照片中，她的出鏡率是最高的。而上一次還很不願意笑的小外甥女，這次已經和她姊姊一樣，變成很會擺拍的少女模特兒。翻看前後兩次的照片，發現下一代長大了，成年人卻難免受到歲月的錘鍊，但可幸的是，大家都還很健康。這次唯一美中不足的是，外甥因為在美國留學而沒有一起入鏡。這個小遺憾也變成以後大家再拍一次合影的動力。

當初選擇自拍全家福有兩個原因，只租攝影棚比起再找攝影師便宜得多。如果我建議花幾十萬臺幣找專業攝影師拍全家福，估計家人都會說我太奢侈，拍攝的計畫也可能無疾而終了；另外一個原因，就是只有自家拍攝才有的那種打從心底的歡樂。沒有不認識的陌生攝影師在場，大家少了顧忌，反而更和樂融融。現在的單眼相機很方便使用，趁父母還在，自己還不算太老，孩子們也還願意一起參與時，試試用這種方式永遠留住這溫暖的時刻。如此簡單又有意義，就算是小家庭，也可以找其他好友一起做這有意思的活動。

驚喜派對

Surprise is the greatest gift which life can grant us.

- Boris Pasternak

這是一場一輩子可能只會舉行一次的生日慶祝派對。

多年前在美國，有一位好朋友為自己的丈夫舉行驚喜生日派對，參加的友人們早就在家等待這位好友帶著他老公回來，我們對這種的突擊都覺得特別興奮！好友的老公回到家，見到我們又驚喜又感動，這樣好玩的派對我一直很想為家人辦一次。

多年後，我終於有機會為太太準備這樣的生日派對。我們的共同朋友並不多，所以我打算找她的同學參加，而這些同學大部分與我只有一面之緣，還好有一兩位稍微熟悉的，再加上社交網絡的便利，我在兩天內就把她八九位同學加為好友。搞笑的是，有兩位同學在我和他們溝通後，就馬上和我太太匯報了我加他們為好友，太太還跑來問我怎麼了，為了不洩漏計畫，我只好編了些模稜兩可的答案。

後來與同學們協調在一個週末舉行派對。女兒出生後，我們的週末一般都是比較有規律而平靜的，但當天，平常不會發生的事情都發生了。首先，我五年沒見的美國同學跑來探望我；我爸媽在那週也來了，派對當天，我剛好要送他們到機場。最關鍵的就是，那天我太太還和她的老同事有約，一切變得忙碌又難以預測，這讓驚喜派對特別難安排。

那天一直到中午後，才有空準備食物和裝飾品，沒多久同學們都陸續來了，我的心情也變得愈來愈緊張。正當忙碌準備時，突然太太打電話來，我就叫所有同學安靜，接起電話，太太問我在幹嘛，為了讓她不會在外溜達太久，我用了我以為最管用的女兒來吸引她早點回家。

我：「我在遊樂場和女兒玩，她要你快點回來。」

太太：「我打的是家裡的電話，你怎麼會在遊樂場？」

我以為自己是拿手機通話，差點笑場。強忍了一下：「我是說正準備下去。」

太太：「你就先照顧一下女兒，我打算騎車回去。」

聽完我有點崩潰了，因為這意味著她還要很久才能回家，我還要繼續招待幾位我還不太熟悉的同學們。

過了一會，我聽從同學們的建議，先帶著女兒到樓下遊樂場，等太太回來，這樣我就可以提前通知他們壽星何時抵達。我在樓下一邊逗著女兒、同時又得注意太太什麼時候回家。過了快二十分鐘，終於見到壽星，我馬上通知樓上的同學。接著沒多久我和太太一起回家，同學們已經預先藏在不同的角落。一進門，壽星先後被從不同角落忽然蹦出的同學弄得又驚又喜。同學們紛紛向她擁抱，她也激動萬分，我則站在後面把這些場景都錄下來。壽星後來終於知道為什麼我要加她的同學做好友了！

我們的計畫非常成功，壽星激動得流淚了，再加上同學們不斷地祝福，這實在是一個無價的時刻。同學們也為完成計畫感到高興和驕傲，還說以後也要試試給家人這種驚喜！那個下午，壽星和她幾位同學，雖然只是兩小時的小聚，卻比在酒店開幾桌慶祝來得有意義無數倍。後來同學們走了，壽星直說太驚喜了，我們一起看了剛才拍的短片，此時我緊張的心情也平復下來，心中也因為看到她的感動而感動了。

這雖是個平凡不過的小故事，但對當事人來說，卻可能是一輩子的美麗記憶。況且現在聯絡那麼方便，要找到一起參與的夥伴也不那麼艱難了。計劃一下，也給重要的人一次難忘的驚喜吧！

父母一起的難忘旅程

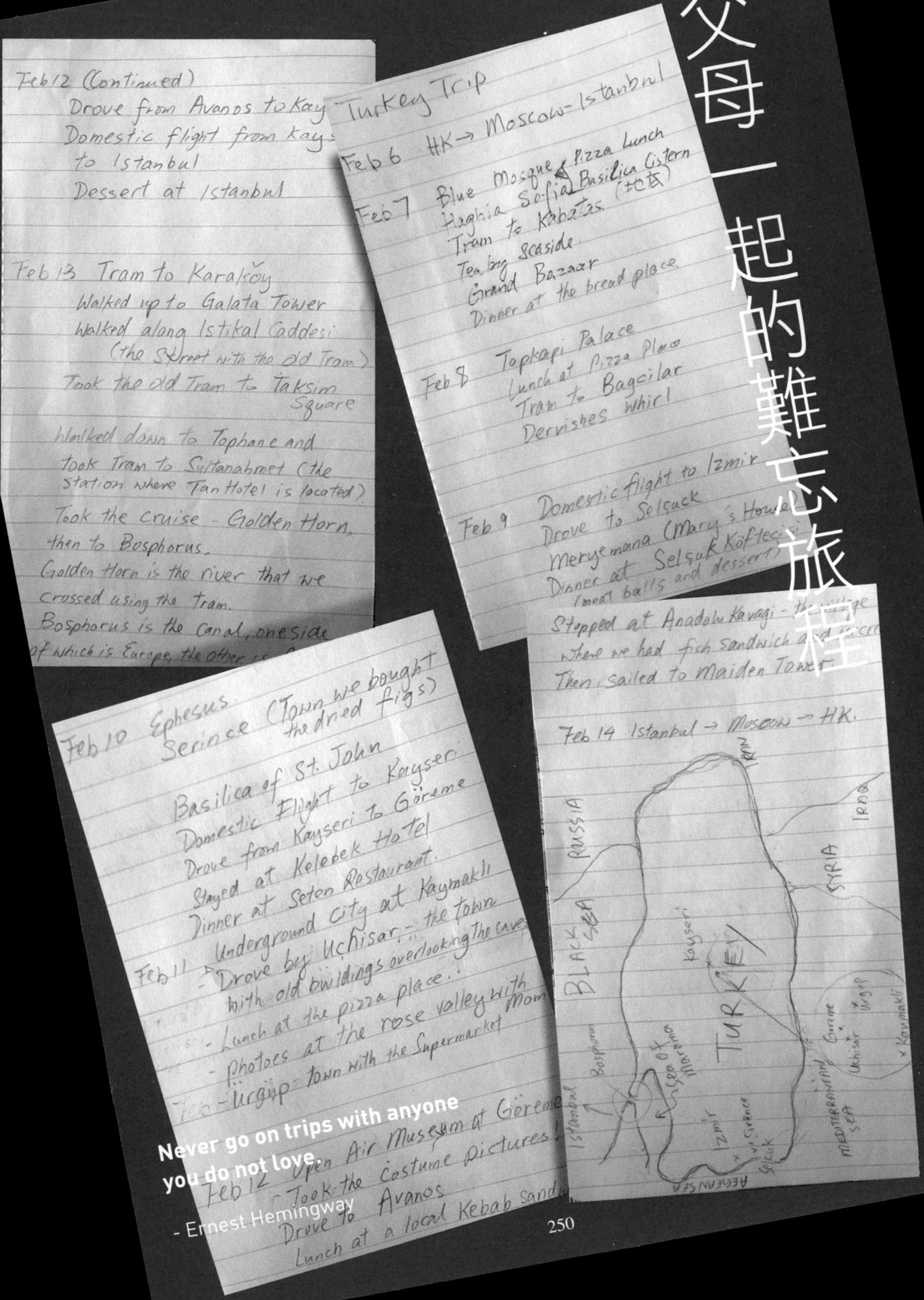

Turkey Trip

Feb 6 HK → Moscow - Istanbul

Feb 7 Blue Mosque & Pizza Lunch
Haghia Sofia Basilica Cistern (地宮)
Tram to Kabatas.
Tea by seaside.
Grand Bazaar
Dinner at the bread place.

Feb 8 Topkapi Palace
Lunch at Pizza Place
Tram to Bagcilar
Dervishes Whirl

Feb 9 Domestic flight to Izmir
Drove to Selsuck
Meryemana (Mary's House)
Dinner at Selşuk Köftecisi
(meat balls and dessert)

Feb 10 Ephesus
Serince (Town we bought the dried figs)
Basilica of St. John
Domestic Flight to Kayseri
Drove from Kayseri to Göreme
Stayed at Kelebek Hotel
Dinner at Seten Restaurant.

Feb 11 Underground City at Kaymakli
- Drove by Uçhisar - the town with old buildings overlooking the caves
- Lunch at the pizza place.
- photoes at the rose valley with Mom
- Urgüp - town with the Supermarket

Feb 12 Open Air Museum at Göreme
Took the costume pictures
Drove to Avanos
Lunch at a local Kebab sand...

Feb 12 (Continued)
Drove from Avanos to Kay...
Domestic flight from Kay...
to Istanbul
Dessert at Istanbul

Feb 13 Tram to Karaköy
Walked up to Galata Tower
Walked along Istikal Caddesi (the Street with the old Tram)
Took the old Tram to Taksim Square
Walked down to Tophane and took Tram to Sultanahmet (the station where Tan Hotel is located)
Took the cruise - Golden Horn, then to Bosphorus.
Golden Horn is the river that we crossed using the tram.
Bosphorus is the canal, one side of which is Europe, the other ...
Stopped at Anadolu Kavagi - the village where we had fish sandwich and ice cre...
Then sailed to Maiden Tower

Feb 14 Istanbul → Moscow → HK.

Never go on trips with anyone you do not love.

- Ernest Hemingway

爸媽與神父在瑪麗亞住過的小教堂外。

父母帶小孩旅遊是再平常不過的事。諷刺的是，子女卻不那麼經常帶父母出去玩吧？我們帶小孩出遊的原因，也許是怕他們留在家會鬱悶，怕他們沒人照顧，或想讓他們多看看這世界。其實這些原因又何嘗不能放在父母身上？而且父母老了能一塊玩的機會真的是愈來愈少了。我們是不是更要抓緊時間呢？

當然，不和父母旅遊，也不一定是因為子女不願意。有些朋友的父母就是太為兒女著想，所以就說不想去旅遊什麼的。其實這些都是父母幫兒女省錢的藉口罷了。還好我的父母和我一樣，都愛到處跑，有一次我終於有機會獨自和他們去旅遊了。他們讓我全權負責安排，我就挑了一個當時不太熱門的旅遊地點——土耳其。父母一開始擔心那裡不太安全，後來從旅行社打聽一下後，就放心去了。

狹隘的地道，要穿過必須彎腰低頭行走。這對老人旅客來說是個大挑戰。

我旅遊都不喜歡跟旅行團，所以就算要去較冷門的土耳其還是自己安排。想想帶著兩個加起來一百五十歲的人，自己計劃行程、訂內陸飛機、租車自駕、訂酒店，那是滿挑戰的事情，我也感謝兩老和兩姊的信賴。網上的土耳其資料不少，最後我還找到一位幫忙計劃土耳其旅遊的專家協助。他覺得我本來的計畫已經很完善，給了點寶貴意見後，也沒收任何費用，最後我再買了本Lonely Planet就出發了。

我和父母分別從上海和香港出發，在莫斯科轉機前會合，見到他們時，真有異鄉重逢的感覺。轉機之後再飛三小時，就到達伊斯坦堡。整個行程我們主要去了伊斯坦堡、Selcuk、Ephesus、Izmir、Cappadocia等地。

最難忘的一個景點是聖母瑪麗亞住過的小屋，那裡現在是個很小的教堂。時間巧合之下，我們還能在那裡上了一堂幾乎只有我們三人的彌撒，虔誠的媽媽被感動到差點哭了。彌撒結束後，我們走了好幾分鐘，我說覺得沒和做彌撒的神父合照實在太遺憾了，沒想到爸媽也同意折返找神父合影。

旅途中最驚險的則是去了以前土耳其天

主教徒為了逃避敵人所挖的地下通道，通道又窄又深，空氣也不怎麼暢通，有些地方特別狹隘，要彎腰才能通過，我和媽媽都挺擔心平常少運動的爸爸能否通過。最後他還是順利完成地道之旅，我既緊張又為他感到驕傲。

而最有趣的就是在Ephesus時，他們倆居然願意穿著當地傳統服裝和我擺拍，這種事情我做夢都沒想過，因為老人家一般都比較拘謹。看來去了國外，大家都放鬆心情，膽子也大了。

上：山洞酒店裡的火爐。下：Ephesus是這次旅途中最美的景點。

還有很多很多現在過了很久還歷歷在目的情景，例如和他們搭輪船遊伊斯坦堡的博斯普魯斯海峽，坐輕軌到了非遊客區的市郊，看土耳其旋轉舞，在山洞酒店住宿的特殊經歷等等。

山洞酒店其實就位於以熱氣球聞名的Cappadocia。媽媽在入住酒店前已叮囑我不可以坐熱氣球，我敷衍答應了。這可是我一直想做的事，而且看過數據都說坐熱氣球比坐飛機還要安全，所以晚上還是偷偷地去報名第二天早上的熱氣球飛行。翌日清晨五點，父母還在睡覺時我就爬起來，留了紙條說我睡不著，要出去逛逛，幸虧沒吵醒他們，我就出門了。坐完熱氣球回來見到他們，他們說一看到紙條就覺得有

右：內陸機機場裡幾乎找不到其他東亞旅客。左：依依不捨的道別。

問題，再看到滿天熱氣球時就知道我已經在空中了。父母還是了解兒女的，反正在他們心中兒女永遠是孩子，跟他們同遊，稚氣點也沒關係吧！

就這樣，我們在土耳其待了八天。三個人、七個晚上都住在一個房間，此生也不知道會不會再有這樣的機會。

最後一天，我們也是在莫斯科分手。在登機門前送別他們，就像多年前父母在機場送我去國外讀書時的心情，看著對方的背影，希望對方平安健康。他們從登機口漸漸消失，我眼眶也跟著濕潤。我們到達各自的目的地後，第一件事就是互報平安，媽媽還在簡訊說：「We love you.」簡單的三個字，卻是她第一次對我說的。

打造一件傳承的物品

The principal and only way to make an heirloom product is to design something that people will need not just this year, but for the next 50 or 100 years.

- Saul Griffith

看著這件差點被棄置在垃圾場的物品，現在還好好的擺在家中，心中忽然有種平靜的喜悅。幸好把你留下來，希望你能一直在這家裡被傳承下去。

說起來，現在能傳承的東西實在太少了。世上的物資太豐富，東西太便宜了，現在流行的快時尚，讓我們花一、兩百塊錢就可以買到時裝週剛秀完的最新衣款；以前掉了雨傘還會惋惜，現在新臺幣三十元的傘滿街都有，隨時都可以買到漂亮的替代品。東西多了、感情卻少了。最近搬家時才發現東西扔之不盡，可留下的東西、有感情的物品好像不多了，可傳承的東西更是少之又少。

很多年前與一位年長的美國校友參觀一間家具展廳，她說對現代隨手可扔的家具不敢恭維，她認為家具應該是耐用的，可以留給後人的。那時我家裡全是知名瑞典公司的家具，不太理解這位校友話裡的含意。來到上海後發現，這裡有很多古老建築，還有賣各種老家具的店。有歷史沈澱的東西，似乎比較有味道且有價值。我開始思考，如果在很多年後，有一件自己用了很久的物品可以一直留存，那不是很有意義？如果讓自己的後代能繼續收藏，他們可以向朋友介紹這物品是父母、甚至是祖父母用過的，我覺得這件傳承的情懷，比任何昂貴的二手貨老件都還要有價值。

就在幾年前，有一個機會可以自己打造一件這樣的物品。之前住家的陽臺光線特別好，但是護欄比較高，坐在一般的椅子上看出去，窗外的風景就會被欄杆擋住。我一直想設計一件什麼東西放在家裡，這次正好可以為這個陽臺設計一套合適的家具。因為工作關係，我認識了一些做家具的朋友。這朋友很願意幫忙，按照我手繪的設計圖，用了不錯的榆木和牛皮做了兩張高桌和兩把高凳。果然這兩套桌椅成為家裡使用率最高的家具，坐在上面視野寬廣，大小剛好的桌面可以工作、看書、上網，甚至吃飯。我還記得在那裡拼了一個用紙製作的地球，幻想未來一一拜訪這地球儀上的許多地方。沒多久女兒出生了，很多旅遊的計畫也因此被暫時擱置了。女兒出生後，陽臺成為她的遊樂園，這套家具被女兒的保護圍欄逼到角落去。還好家人知道這套家具是我設計的而沒有扔掉，否則遊樂場肯定會繼續擴張，這家具肯定早就不在了。

榆木和牛皮這樣的耐用材料應能增加家具被傳承的可能性。

後來家裡東西愈來愈多，我們就只能搬家了。這長久被忽視的家具重獲關注，因為我們得決定它的去留。新家的布局並沒有考慮到吧檯的位置，我好不容易說服家人騰出新家陽臺的一角放下其中一張吧檯桌和吧檯椅，另外一套桌椅只能留在原來的家，讓新的房東決定他的命運了。打趣的是，搬家時，搬運工誤把兩把椅子都搬到新家了，多出來的椅子只能想辦法再送回給老家的新房東。那是一對年輕的夫妻，於是我發了這樣的短信。

我：「我們留了一張吧檯桌，其實還有一把椅子，但我們搬家時都拿了過來，如果需要，我可以把凳子搬回去。」說罷我把前陣子拍下的家具照片發了過去。
男主人：「暫時還用不到，謝謝啦。」

那時心裡感覺酸酸的。本來滿懷信心，覺得對方會欣然接受缺少的椅子。又過了兩週，新家實在容不下多出的椅子，我只好再發短信，這次給了女主人。

我：「之前與你老公說過，有一張吧檯我們留在陽臺那裡，配套的吧檯椅我們不小心搬到新家來了。這是專門為陽臺的高度設計的，而且用的是很好的木材，是我自己設計的。現在扔掉覺得可惜，所以想問你們要不要，我想你們也沒太多時間買家具……。」經過多番唇舌，女主人回道：「我讓我老公去拿。」

男主人和我的情況一樣，家具的去留都是太太說了算。就這樣，我還是成功地把兩套吧檯桌椅保留了下來。一套在新家、一套留給舊家的新主人。

最近我又開始用起這套吧檯桌椅，用起來還是覺得很實用的，女兒也能爬到高高的椅子上玩耍了。之前吧檯椅是因為女兒的出生而被忽略，現在卻希望能傳承給她。將來說不定我也要向她推銷這套家具用的是優質材料，更強調吧檯的設計師是她老爸。那時她可能也是某人的太太了，應該也可以決定家具的去留了。

希望帶有傳統的設計風格，能提高桌椅點的傳承意義。

回訪童年

Most of our childhood is stored in certain biscuits, lights of day, smells, texture of carpet.

- Alain de Botton

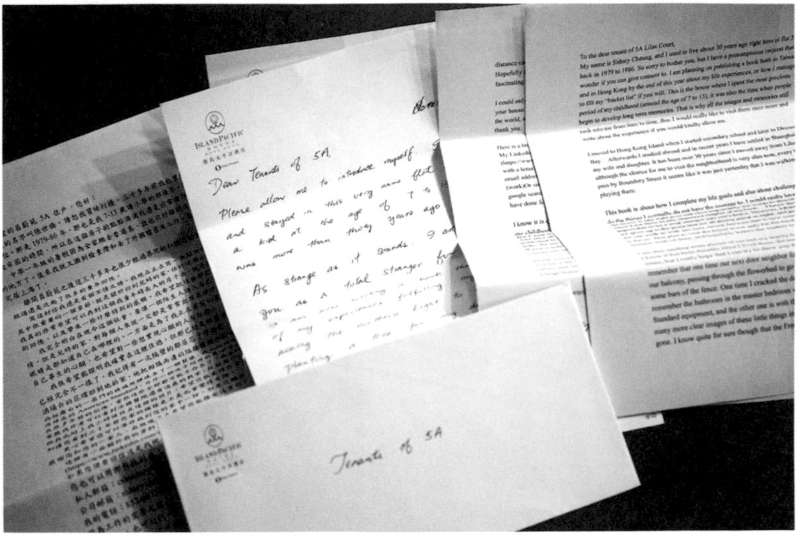

寄給舊居主人的信件。

有心理學家做過實驗，人類九、十歲後的記憶，才會長久地在腦海烙下印記。有趣的是，健忘的老人反而對小時候的印象愈來愈清晰，那麼小學三年級後開始的童年，對一個人來說應該是很重要的。不知道是否是這個原因，我到現在還會偶爾夢見當時住過的房子。

前幾年萌生起回到這個地方的念頭。我懷念那時候不太煩囂的人和物，似乎很多東西都是美好的。我搬離那裡已超過三十年，住戶不知道換了多少遍，也根本無法得知現在的業主是誰了。我後來想到，如果這單位在出售或出租，那起碼作為潛在客戶，我是不是能進去參觀一下。我找了個熟悉的地產經紀人幫忙問了，卻等了三年也沒有音訊。

有一天我突發奇想，如果寄一封信到這

上：從窗戶看到的停車場是小時候最愛的遊樂場。下：標誌性的獅子門環。

舊居，業主會不會讓我進去？這個想法很瘋狂，但是我真的做了。信中我寫到這個房子的一些特徵，我還把我現在的工作地點、Linkedin上面的連結，我的工作信箱附上。信寄出了，半年也沒有回音。

後來有次到香港出差，我用飯店的信紙手寫了我的拜訪既是個心願，也是一本新書的題材，我甚至把小時候在這個家拍的照片也一併寄出。過了兩天，我在WhatsApp收到一張照片，隱約可以看到是在我以前的家拍的，心中馬上激動了。後來對方說收到我的信了，並說之前怕我是騙子所以沒有回覆。我們寒暄了幾句，對方說被我的行為感動了，她又多發了幾張家裡的照片來。她在簡訊說：「我可以隨時讓你回憶。」聽完我感動到流淚了。想到終於可以有機會回到這個意義深長的地方，心中萬般喜悅。

過了兩個月，我終於有機會再到香港了，我再和屋主約定上門拜訪的時間。沒想到屋主一直沒有回覆。也許當初屋主的意思只是讓我看看家中不同角度的照片。我的主動似乎嚇怕了人家了。

無奈了好幾天，沒想到奇蹟出現了，我舊居正下方的單位正在出售。雖然明知會浪費仲介的時間，我還是約了時間看房。

我準時到達舊居樓下，和仲介一起乘電梯到四樓，一出門就看到那熟悉的走廊，就連磁磚的花紋我都還記得。仲介把門一開，我深呼吸一看，間隔和我熟悉的一模一樣，廚房、餐廳、客廳、陽臺的位置都是熟悉的格局，不一樣的是什麼都感覺小了。走到我的房間，媽媽還有姊姊的房間，這些房間已經搬空了，我想像以前各房間的布置，想像著在這些房間裡面的生活點滴。再看看窗外的地面停車場，以前經常在那裡打羽毛球和捉迷藏的。

我獨自再往五樓走，那才是我以前住的樓層。後樓梯的磁磚、扶手和樓層的標記都和之前一模一樣。比起剛去過的空房子，這些絲毫未變的小痕跡居然讓我有更大的感觸。然後我到了舊居的門口，三十年前的鐵門居然還在。雖然顏色已經從乳白色刷成深棕色，但是獨特的設計還是一眼看出。以前祖母總喜歡使勁敲動門上獅子頭形狀的門環叫我開門。這種聲響似乎又在耳邊響起。此時屋內突然傳出聲音，我聯繫過的屋主說不定就在裡面。我差點

後樓梯的樣貌絲毫未變。

小時候住過的房間的格局。當時的裝飾彷彿在這空間重現。

想按門鈴，但理智抑制住我。上次類似的糾纏行為可能是在被初戀情人拋棄時。我忍住衝動把注意力放在走道，這裡似乎沒有任何改變，小時候我最喜歡在這裡打乒乓球。牆上磁磚被我球拍打爛的缺口居然還在。哽咽的同時，我默默感謝這條在三十多年前陪伴過一個小男孩成長的走廊。

在這裡待了好一會兒，離開前回頭看了鐵門和走道，心裡暗暗道別。回到四樓，我再拍了很多照片。估計仲介以為我很有興趣買下這間房呢！對這次撒謊，我又慚愧又感激。與仲介在樓下告別後，我示意讓他們先走。我看着停車場剝落的油漆，路面水泥的痕跡，防撞欄的銹斑，這些點滴似乎原封不動。我似乎看到小時候的自己，聽到孩提時期的笑聲。我再抬頭看五樓以前的家，窗框和陽臺的材料都不一樣了，心中歎息著，室內的裝修應該沒有一處和三十年前一樣了吧……。

兩個月前，屋主簡訊發來的照片，我沒有馬上下載，因為那時我想親自去看。現在這些照片已經逾時不能再下載了，只剩下朦朧的輪廓。我想，這些照片與舊居的現狀就永遠讓它們朦朧好了。現在心情平復下來，反而慶幸屋主沒有讓我重訪，說不定見了現狀後，深藏的記憶會頓時幻滅，我夢境裡的家就可能再也回不去了。對於每一個人，哪一段記憶值得重返當然都不一樣。但是對我而言，至今仍回味著這次奇妙的小旅程，也慶幸能找到不少往日的印記。

後記

起初女主人一直不回覆我，原來是男主人的腿受傷了，那時候她不只要照料丈夫，還要照顧家中三個孩子，所以沒來得及回覆我簡訊。撰稿後，沒想會收到她的簡訊。就在翌年的春節，我終於帶著女兒和太太去了這個離開了三十多年的地方。裡面如我猜想，幾乎沒有任何東西和我記憶中的一樣。本來擔心這樣會把心底的印象一下子抹滅掉，但奇妙的是，我在那個空間，哪怕看到的東西完全不一樣，我也能想像自己多年前下課回家，在飯桌上寫作業的情境，在家裡奔跑玩耍的模樣，還有外婆豪邁的笑聲，一切的點滴似乎都回溯到這個空間，那種感動依舊如想像中無價。全賴男女主人的信任，讓這件開始像天方夜譚的事情成真。

木門、牆壁水管上，瑣碎的瑕疵成為這位訪客最留戀的點滴。

和父母説聲我愛你

We never know the love of a parent till we become parents ourselves.

- Henry Ward Beecher

閉上眼睛把愛你的人列出來，有誰呢？這個問題當然沒有固定的答案，但估計不少人的答案都會包括父母。已為人父母的人更容易知道父愛、母愛是怎麼回事，有了孩子，才知道什麼是無原因、無條件的愛了。

但我們似乎很少感謝父母，甚至開口說愛。世界不少文化其實都有這種情況，美國電視劇或電影經常看到父母及孩子互相說I love you，但其實老一輩的美國人也非常含蓄，不怎麼說這幾個字的。亞洲人很多事物都緊貼歐美潮流，但感激家人的愛，甚或對家人說句我愛你倒不常見。

我發現在我出生的香港，人們通常只會在兩個場合感謝父母，一個是在自己結婚時，另一個是在父母魂歸天國後。現代人在婚禮那天似乎吃了壯膽藥一樣，平常不說不做的事都會嘗試。在幾百雙眼睛下跳交誼舞、唱歌都不稀奇了，也可以直接在親朋好友面前說出對父母的感激，這一刻通常也是婚禮最感人的部分。另外，在送走離世的父母時，人們才會在葬禮感謝父母，或是由父母友人道出父母生前有多好。那不是太晚了？看過《Tuesdays with Morrie》（臺譯：最後十四堂星期二的課）這本書的人，不知道會不會很贊同Morrie的做法，在自己還沒死前，為自己舉辦送別儀式，這樣孩子和朋友，都可以說有多愛自己了。估計我們的父母都不一定看過這本書，但我們何不創造些機會，讓自己有勇氣對自己父母說感謝的話呢？

先說說時機，似乎父母生日、結婚週年慶都是不錯的時間，其實自己的生日也是喔！我愈來愈覺得生日不是只和老婆、老公、孩子或朋友慶祝，生日應該用來感謝

僅有的老豐田汽車照片，車前是外婆和她的外孫。

父母。今年的生日，剛過午夜十二點，第一封簡訊不是我收到的祝福，而是我發給爸媽，感謝他們把我帶到這世上的訊息。早上他們看到簡訊都很意外，而且還說都忘記我已經長那麼大了。其實除了自己的生日，還可以想想有什麼事物，對你和他們都具有特別意義。

有一次去日本名古屋的豐田工廠參觀，參觀完居然在紀念品店找到小時候爸爸開的那臺豐田相同型號的Tomica小車，顏色雖然不一樣，但我還是買下它了。之後買了模型顏料想把顏色從白色改成爸爸那部車的棗紅色，但車子實在太小了，憑自己功力根本沒法塗裝。還好找了個專門小店把顏色塗上，這手工費竟是小車購買價格的好幾十倍呢！花重金也要塗裝這小車，是因為他確實勾起了很多的回憶，而且也可作為我考慮已久的事情的一部分。

趁爸爸生日，媽媽和姊姊的家人都在，我把這禮物送給他，也說了些和這部車有關的趣事。比方說我們最多試過十三個大人小孩塞進這部車裡，我也告訴父親這部車給了我許多快樂的回憶。現在想起片段最多的就是週日全家搭著這部車去教堂，我和兩位姊姊都爭著坐窗邊位置的情形，回想那時，爸爸肯定是露出和藹的笑容吧！
我也想起有次父親出差時，母親駕著這部車在大雨裡拋錨，我和媽媽在大雨中找人修車的情況。飯桌上，我和姊姊也聊起媽媽停車事的狼狽情況。十分鐘的對話，好像把我們的腦海同步到多年前的光景，大家都被那些珍貴的記憶觸動了，我也發覺自己開始有點哽咽。聊到最後，雖然話題轉接得不是那麼流暢，但我還是鼓起勇氣和爸媽說了：「爸爸、媽媽我愛你。」一現在我光把這幾個字打出來，都覺得有點難為情，更不要說用廣東話說了（我發現用國語講出來好像更容易點！）說了之後，媽媽也說她愛我們，爸爸則是比較含蓄，但從他眼裡可以看到無限的喜悅。這輛小車也被爸爸收藏在他認為重要的地方了。

其實，講完這幾個字之後我如釋重負，開心與成就感不比跳完笨豬跳小！對很多不敢高空彈跳的人來說，向父母說聲我愛你的勇氣應該還是有的吧！之前說過，美國人經常對父母說I love you，不知道會不會因為常聽而少了珍貴的感覺。現在想想我們較含蓄的文化，可能讓說這幾個字的這一刻變得無比珍貴。

如果你不曾和父母說過這幾個字，不妨下定決心，就像求婚一樣好好策劃一下。這也許會成為他們這輩子聽到最甜美的聲音、最珍貴的禮物。

1/64大小的豐田Tomica成為別具意義的禮物。

後記

這裡記載的四十六個故事，是一些我做過的，也覺得有意思的事情。只寫已完成的事情是想起到一些示範作用，有想法有心願，只要堅持不懈還是能完成的；希望讀者看完後完成心願的衝動會更加強烈！我統計了一下，發現超過四分之三的事情都是在創作這書的五年內完成的，這本書變成我完成心願的加速器；為什麼？除了書的出版有期限，知道我這些心願的出版社編輯們也無形中成為我完成目標的壓力和動力的來源。很多人都會在年初計畫中定下一些要完成的心願，那不妨多告訴周圍的人，說不定心願會就此變成自我應驗預言（Self-fulfilling prophecy）！在撰寫本書的過程中，我也持續進行書裡提及的事情，某些事情也在撰稿後有些新發展；我把它們分別記錄在相應文章的後記中。

本來還有一些很想記在這本書的經歷，可是因為還沒完成，只能繼續留在我的清單，待以後再完成。這些事情包括：在荒野中躺在星空之下過一晚、跳一段以「Por Una Cabeza」為背景音樂的探戈、練出腹肌（這個我估計讓總編失望了，因為每次見到他，他都會問我練成了沒）、多學一種語言，還有很多別的挑戰。這個心願清單是不停修改，不停地增加內容，也不停地嘗試完成的。它是一個永遠完成不了的作業，我們要接受它的不完美，並同時享受完成願望的過程，以此讓自己更幸福、快樂。

至於書中所述的四十六件事情，其文章的標題最初都是有個一字的，比方說做一次什麼，到一次什麼地方等。後來主編建議不用

太刻意強調，我才只留了這個「一」在部分標題中。在初稿時，這些標題卻吸引了推薦序的撰寫人孫雲立先生，他還起了個我很喜歡的詞「一清單」。

其實這個一的概念我是參考了「滾蛋吧！腫瘤君」一片末裡，患絕症的女主角在病床回憶自己身體健康時，想做而沒做的事情。這段獨白中，她用了很多個「一」字，但這些「一」對她來說已是奢望。不管這個清單叫遺願清單還是叫一清單，還是任何你喜歡的稱呼，對於我們這些還有能力的人，是不是要多為自己和身邊的人，多想想這清單的內容，多想想怎麼去趁早完成呢？

章節順序

我在列出自己的心願時，可以說是隨興之所至，本來書中文章的順序也不甚講究。但其實這些心願是可以按照廣為人知的馬斯洛需求來分類的。按照馬斯洛理論，人類需求的層次依次為生理需求、安全需求、社交需求、尊重需求、自我實現。

生理需求就好比在參與刺激的活動時，腎上腺素因緊張而飆升，帶來生理上的興奮和愉悅。關於世界之美的部分，我把它視為安全需求，雖然我們完成這些心願時會覺得自己很渺小，但卻同時能感受到大自然的美麗和力量，彷彿在地球母親懷裡感受到平和、穩定和安全。人文盛事的故事就是社交需求；挑戰極限則與尊重需求最為相關；學所愛的既與尊重需求又與自我實現有關係。

馬斯洛人類需求五層次理論 (Maslow's Hierarchy of Needs)

無價時刻歸納在自我實因為這是發揮了自己在家庭中的潛能，並體現自己的重要性。我們也許會忽略自己在家庭中作為下一代榜樣的作用。而相較很多人心目中認為是自我實現的慈善、義工、扶貧等，在家庭的自我實現其實是更觸手可及的事情。

我就是依此排序六個章節。有趣的是，這順序正好與章節中提及的事情的難易程度的排序一樣。最容易做的是刺激的活動，最難的反而是家人間的相處。與家人做的事情的難度之一是時間限制；父母會年邁，小孩會長大，最佳完成相關心願的時機並不是永遠存在的。而與家人做的事情往往不是有錢就能買到的，所以我也把這一章節稱為無價時刻。而許多人覺得特別難挑戰的刺激活動，我反而覺得是最容易的，因為大部分都可以用金錢購買，再加上膽量和一躍的勇氣就能實現。我也是跳完笨豬跳後，才萌生繼續做更多挑戰的想法和勇氣。而屬於你的笨豬跳又是什麼呢？

快樂的等級

《Delivering Happiness》的作者Tony Hsieh，一直宣揚如何有更快樂的人生，他也針對何為快樂做了很多研究。在這本書的尾聲也和大家分享一下。

快樂的最低層次，是透過物質所換取的。奢侈品換來的快樂是短暫的，卻是現今不少人追捧的追尋快樂的方式。很多女孩子都認同「包治百病」的說法，但因為藥效有限，所以櫃子裡的名貴包包堆積如山。而男人的玩物就更昂貴了，美酒、跑車、相機、金錶都屬此類。第二種快樂的方式是透過體驗來享樂。這種方式帶來的愉快程度會比第一種更長久，因為這種模式會製造一種可貴的東西——記憶，愉快的記憶可以提供快樂和滿足感。而且這種方式還包含了另外一些快樂的元素，那就是人際關係（Connection），其中最重要的是與家人和朋友的關係。很多享樂如旅遊或難忘的團體活動等，都需要與你有密切關係的人一同完成。與人的關聯，也是快樂的來源。

第三種就是關於自己熱愛的事。這包括藝術和運動，或是其他的愛好，當然也有些人視工作為熱情。熱情（Passion）的最高境界會讓人進入一種忘我的狀態，在這狀態中，周圍都寂靜了，時間好像不存在一樣。這種境界可遇不可求，即使還沒遇上，能做自己熱愛的事情，本身就是一件愉悅的事

[illegible]種是關於實現一個比自身利益[illegible]情可能是公益、環保、教育等。當人覺得自己的付出是為了一個更大的整體，就會產生一種發自心底的快樂。很多人認為這種快樂是最長久的。這本書沒有純物質的快樂，全都是實現第二、第三和第四種快樂的心願。

關於最後一種快樂，也與我們的影響力有關。每個人都有自己的影響力，影響力的大小取決於很多因素，但基本上是朋友同事愈多、影響力範圍就愈大。這個影響圈也和一個人的名氣、權重有很大的關係。但是不論如何，每個人都有自己的影響圈。看過蝙蝠俠的都應該記得裡面的名言「With great power comes great responsibility.」當我們影響圈愈來愈大，我們也應該為身邊的人帶來正面影響，有時我們甚至能不知不覺影響一些不認識的人。每個人的影響圈大小不同，但只要為他人帶來正面改變，就是為一個更大的目標而做出貢獻。

感謝所有推薦人、我的助理以及商周參與過此項目的同事。

感謝所有在出版前看過文章和提供意見的朋友，和那些讓我思考這本書更深意義的人。

感謝那些一起和我經歷過書裡的故事的家人和朋友們。

感謝兩位姊姊和她們的家人們。

感謝我的太太和女兒為這本書的付出。

感謝爸爸媽媽。

參考資料

◆第一章　熱血動魄

澳門觀光塔高空彈跳
- www.ajhackett.com/macau/

紐西蘭觀光塔高空彈跳
- www.bungy.co.nz/auckland/sky-tower/

Sky Dive 關島跳傘
- skydiveguam.com/en/home

關島飛行
- en.skyguam.us/cn/

臺灣飛行
- www.apexflightacademy.com

上海滑翔傘
- www.paraglidingshanghai.com

里約熱內盧的滑翔翼
- www.asadeltariodejaneiro.com.br

平壤馬松
- ongyangmarathon.com/#homepage-details

◆第二章　世界之美

找到準確日出的 App
- vitotechnology.com/star-walk.html

馬丘比丘
- en.wikipedia.org/wiki/New7Wonders_of_the_World
- www.incatrailperu.com/
- en.wikipedia.org/wiki/Machu_Picchu

櫻花
- xn--xyv.jp/
- www.jnto.go.jp/sakura/chc/index.php

鯨鯊
- mexicowhalesharktours.com/
- churaumi.okinawa/en/

基督像
- www.conversanttraveller.com/
- how-to-visit-christ-the-redeemer/
- en.wikipedia.org/wiki/Christ_the_Redeemer_(statue)verticalrio.com/en/home/

世界知名地標
- designlike.com/
100-most-famous-landmarks-around-the-world/

Iceland Glacier
- www.goecco.com/

世上最大的樹
- www.nps.gov/seki/index.htm
- en.wikipedia.org/wiki/General_Sherman_(tree)

普羅旺斯
- www.seeprovence.com/
- www.provenceweb.fr/e/provpil.htm

冰島深潛
- www.dive.is/

約日之旅
- www.jordanpetraprivatetour.com/
- google keyword:mustafa petra tour
- www.listchallenges.com/150-most-famous-landmarks-in-the-world

北極光
- grayline.is/
- alaskanorthernlights.net/

…盛事

…座
・…ekoza.com

在日本學習太鼓
・taiko-reserve.com

米其林三星列表
・guide.michelin.com

L'Auberge du Vieux Puits
・www.aubergeduvieuxpuits.fr

Ultraviolet
・uvbypp.cc
本來為書中的一章節，還和大廚做了問。最近成為三星餐廳，還是值得介紹。

香港七人欖球賽
・hksevens.com

世界七人欖球賽
・www.world.rugby/sevens-series

全球最值得參與的體育盛事
・www.topendsports.com/world/lists/must-see-events/top100.htm
・www.wonderslist.com/10-greatest-sport-events/

最後的晚餐
・legraziemilano.it/il-cenacolo/

聖殤
・en.wikipedia.org/wiki/Pieta

異形創作者 H. R. Giger
・www.hrgiger.com

第一部異形電影
・www.foxmovies.com/movies/alien

異形迷的網站
・www.alienuniverse.com/

高球發源地
・www.standrews.com/

威尼斯嘉年華
・venice-carnival-italy.com/

威尼斯
・veniceevents.com/

世界最值得參與的節日
・www.cntraveller.com/gallery/best-festivals maketimetoseetheworld.com/
・best-festivals-cultural-events-world/

世界最佳樂隊
・www.thetoptens.com/best-bands/
・www.radiox.co.uk/features/x-lists/top-50-bands-of-all-time/

World Vision
・www.worldvision.org/

香港世界宣明會
・www.worldvision.org.hk/

台灣世界展望會
・www.worldvision.org.tw

Bill and Gates Foundation
・www.gatesfoundation.org/

慈善機構一覽
・en.wikipedia.org/wiki/List_of_charitable_foundations
・www.charitywatch.org/top-rated-charities

◆第四章　挑戰極限

馬拉松
・www.shmarathon.com
・www.hkmarathon.com/
・www.taipeicitymarathon.com/
・www.100marathonclub.org.uk/events/worldwide/

全球四千多個賽事
・worldsmarathons.com/categories

世界馬拉松大滿貫
・www.worldmarathonmajors.com/

垂直跑
・www.verticalworldcircuit.com/

香港垂直跑
・www.shkpverticalrun.com/

富士山登山
・www.fujimountainguides.com/

Toastmasters
- www.toastmasters.org/

Pecha Kucha
- www.pechakucha.org/

TED
- www.ted.com/

TEDxFuxingPark
- tedxfuxingpark.org/

帝國大廈垂直跑
- www.esbnyc.com/event/empire-state-building-run-up-info

綠色倡議
- greeninitiatives.cn/

抗拒塑料污染的有用諮詢
- www.plasticpollutioncoalition.org

塑料海洋
- plasticoceans.org/

目前最大的海洋清理計畫
- www.theoceancleanup.com/

三項鐵人
- www.ironman.com/
- asia.ironman.com/
- …athlete.com
- …ting.com/

◆第五章　學所愛的

成人學樂器的竅門
- www.libertyparkmusic.com/8-tips-to-learn-music-as-an-adult/

用二十小時學會任何東西
- www.youtube.com/watch?v=5MgBikgcWnY

咖啡拉花
- www.coffeescience.org/latte-art-beginners-guide/
- www.chefsteps.com/activities/latte-art

沖洗黑白照片
- www.instructables.com/id/Developing-Black--White-Photos-at-Home/
- www.ilfordphoto.com/
- www.lomography.com/

烹飪與食物拍攝技巧
- www.justonecookbook.com/korokke-croquette/
- www.templatemonster.com/blog/55-websites-food-photography/
- foodphotographyblog.com/

重機
- www.gentlemansride.com/
- www.triumphmotorcycles.co.uk/
- www.indianmotorcycle.com/
- www.vespa.com/
- www.harley-davidson.com/

寫生
- www.urbansketchers.org/
- citizensketcher.com/
- www.artistsnetwork.com/art-mediums/watercolor/urban-sketchers/

◆第六章　無價時刻

植樹
- www.treesaregood.org/treeowner/plantingatree
- www.plt.org/educator-tips/tree-planting-tips/

全家福
- www.creativelive.com/photographyconcentrate.com/

驚喜派對
- www.wikihow.com/Throw-a-Surprise-Party
- www.thekitchn.com/how-to-throw-a-surprise-party-243518

木工
- neocha.com/magazine/zowoo/

Tomica
- www.takaratomy.co.jp/english/products/tomica/

電影列表

◆序

2002 蜘蛛人 Spider-Man

◆第一章　熱血動魄

2007 一路玩到掛 The Bucket List
2014 金牌特務 Kingsman: The Secret Service

◆第二章　世界之美

1977 星際大戰 Star Wars
2012 普羅米修斯 Prometheus
1986 天空之城 天空の城ラピュタ
1989 聖戰奇兵 Indiana Jones and the Last Crusade
2013 白日夢冒險王 The Secret Life of Walter Mitty
2015 戀戀銅鑼燒 あん・An
2015 絕地救援 The Martian

◆第三章　人文盛事

1961 第凡內早餐 Breakfast at Tiffany's
1979 異形 Alien
1993 西雅圖夜未眠 Sleepless in Seatle
1995 愛在黎明破曉時 Before Sunrise
1997 春光乍洩
1999 大開眼戒 Eyes Wide Shut
2004 我和茱茱有個約會 My Date with Drew
2006 達文西密碼 The Da Vinci Code
2014 進擊的鼓手 Whiplash
2016 樂來越愛你 La La Land

◆第四章　挑戰極限

1998 搶救雷恩大兵 Saving Private Ryan
2016 100 公尺的人生 100 Meters/100 Metros
2016 天才柏金斯 Genius

◆第五章　學所愛的

1953 羅馬假期 Roman Holiday
2008 班傑明的奇幻旅程
The Curious Case of Benjamin Button
2011 青蜂俠 The Green Hornet
2012 不老騎士－歐兜邁環台日記 Go Grandriders!

◆後記

2015 滾蛋吧！腫瘤君

一切從笨豬跳開始——找回完成夢想的動力

作者	張世橋
專案統籌	李國榮
專案經理人	董育君
執行編輯	許資旻
美術設計	林柏毅、許嘉弦
出版單位	商周編輯顧問股份有限公司
網址	bwc.businessweekly.com.tw
地址	臺北市中山區民生東路二段141號6樓
電話	886-2-2505-6789
傳真	886-2-2500-1932
出版日期	2019年8月初版
定價	新臺幣360元整
ISBN	978-986-7877-43-7

本書大部分照片和插畫為作者作品，部分則非。僅此向為以下篇幅提供素材的攝影師和插畫作者致謝：跳一次笨豬跳、跳一次傘、坐一次滑翔傘造訪神奇動物、震撼心靈之地、神秘之光、令人哽咽的表演、垂直馬拉松之一、攻克恐懼、鐵人三項，以及挑戰極限的章節開首。（素材來源： Shutterstock）

一切從笨豬跳開始 : 找回完成夢想的動力 / 張世橋著. --
初版. -- 臺北市 : 商周編輯顧問, 2019.08
面；15 x 21公分
ISBN 978-986-7877-43-7(平裝)

1.自我實現 2.通俗作品

177.2 108012826